환생한 강아지와의 아름다운 동행 이야기
내 사랑 콩이

환생한 강아지와의 아름다운 동행 이야기

내 사랑 콩이

남경임 지음

들어가며

콩이와의 인연이 시작된 것은 복돌이와 함께 살았던 때로 거슬러 올라갑니다. 복돌이는 내가 콩이를 만나기 전에 나와 함께 살았던 강아지입니다. 복돌이는 나를 무척 좋아했습니다. 나에게 딱 붙어서 떨어지지 않았습니다. 그런데 어느 날 아침에 갑자기 이상 증상을 보이더니 원인도 찾지 못한 채 며칠 만에 죽었습니다. 그때 내가 받은 충격과 고통은 이루 말할 수 없었습니다.

복돌이가 나에게 다시 찾아오리라고는 상상도 못 했습니다. 복돌이가 죽은 후 9년이 지난 어느 날이었습니다. 길에서 강아지를 구조했습니다. 그 강아지를 보는 순간 복돌이가 환생했음을 직감했습니다. 처음에는 내 느낌을 부정했습니다. 그런데 이후에 신기한 일들이 연이어 일어났습니다. 나를 만난 순간부터 강아지가 나와 함께 살고자 하는 뜻을 분명하게 표현했습니다. 그래도 나는 어떻게든 강아지를 보호자에게 돌려보내려고 했습니다. 보호자를 겨우 찾았습니다. 그런데 보호자도 사정이 있다며 나에게 강아지를 맡아 달라고 했습니다. 가장 특이한 것은 나였습니다. 마음이 강아지에게 딱 붙어서 떨어지지 않았습니다. 나에게는 강아지가 그 무엇보다 중요하게 느껴졌습니다. 결국 내가 강아지를 맡기로 했습니다. 이렇게 해서 환생한 복돌이는 콩이라는 이름으로 내게 다시 돌아왔습니다.

  콩이를 입양한 것으로 모든 일이 깔끔하게 마무리된 것은 아니었습니다. 몇 달이 지났을 때 이전 보호자의 변덕이 시작되었습니다. 콩이를 돌려 달라고 했습니다. 이전까지 나는 그 보호자도 콩이를 사랑한다고 착각했습니다. 사정이 있어서 어쩔 수 없이 나에게 콩이를 보냈을 거라고 생각했습니다. 그런데 몇 달 동안 그 보호자를 겪으면서 강아지를 진정으로 사랑한다는 것이 어떤 것인지에 대해 깊이 생각하게 되었고, 그 보호자는 콩이를 사랑하지 않는다는 결론을 내렸습니다. 내가 콩이를 돌려주지 않겠다고 하자, 그 보호자의 태도가 돌변했습니다. 험하게 변한 그 보호자를 보면서, 콩이를 그 보호자에게 보내지 않은 건 정말 잘한 일이라는 생각이 들었습니다. 그런데 이런 어려움이 콩이와 나의 관계를 더욱 굳건하게 만들었습니다. 어려움을 이겨내는 과정에서 우리는 우리가 서로를 선택한 마음이 얼마나 확고한지를 확인할 수 있었습니다.

나에게 올 때 두 살 반이었던 콩이는 이미 여러 가지 문제를 안고 있었습니다. 분리 불안이 심했고, 산책을 나가면 흥분해서 날뛰었습니다. 긴 막대기에 대해 트라우마도 갖고 있었습니다. 몸이 많이 야위었는데 밥을 잘 먹지도 않았습니다. 새벽에는 거의 매일 공복 토를 했습니다. 그동안 강아지에 대해 공부했던 것들을 콩이에게 적용해 봤지만, 이론과 실전은 달랐습니다. 쉽게 해결되는 문제는 없었습니다. 여러 동물 병원에 찾아다녔지만, 수의사들도 해결해 주지 못하는 문제가 많았습니다. 우리는 온갖 우여곡절을 겪으며 우리만의 방법을 찾아내었습니다. 그렇게 해서 콩이가 우리 집에 온 지 5년 정도 지났을 때 콩이는 예전에 갖고 있었던 모든 증상들에서 벗어나 안정을 찾았습니다.

콩이는 문제만 가지고 있는 건 아니었습니다. 성품이 참 좋았습니다. 참을성이 많았고, 상대를 가리지 않고 누구에게나 너그러웠습니다. 하지만 세상은 이런 콩이에게도 호락호락하지 않았습니다. 복돌이를 키울 때까지만 해도 잘 몰랐는데, 콩이를 키우면서 자세히 보니 우리 주변에는 알게 모르게 강아지에게 위협이 되는 사람들이 많았습니다. 강아지에게 부담을 지우는 사람들, 강아지를 사람보다 아래라고 생각하는 사람들, 강아지를 이뻐하는 방법을 잘못 익힌 사람들, 남의 강아지를 탐하는 사람들, 강아지를 뒤에서 몰래 괴롭히는 사람들, 자기 강아지를 이용해서 남의 강아지를 공격하는 사람들, 강아지라고 하면 일단 거부감을 보이는 사람들, 보호자가 강아지에게 관심을 쏟는 것을 비난하거나 방해하는 사람들… 이런 사람들이 함께 살아가는 세상 속에서 콩이를 지켜 내기는 쉽지 않았습니다. 하지만 어떻게든 해결책을 찾아 나갔습니다.

    우리 앞에 놓여 있었던 많은 어려움을 해결한 뒤 돌아보니 어느새 콩이와 나는 호흡이 정말 잘 맞는 사이가 되어 있었습니다.

단순히 사이가 좋은 정도가 아니었습니다. 어떤 어려움 속에서도 우리 둘은 어떤 방식으로든 합을 맞출 수 있고 그러면 어떤 어려움도 이겨낼 수 있다는 자신감이 서로의 마음속에 자리 잡고 있었습니다. 그러다 보니 우리 둘이 함께 있는 공간에는 늘 평화와 행복의 기운이 감돌았습니다.

  나는 복돌이와도 사이가 좋았습니다. 그런데 콩이와 함께 환상적인 호흡의 경지를 경험한 후 왜 같은 강아지인데 복돌이 때는 이 정도까지 호흡을 맞추지 못했었는지 그 이유가 궁금해졌습니다. 돌아보면 콩이를 기르면서 겪었던 어려움들 대부분은 복돌이를 기를 때도 겪었어야 했던 어려움들이었습니다. 그런데 복돌이 때는 이런 어려움들이 내 눈에 보이지 않았고, 그래서 해결할 생각도 못 했습니다. 또 보였다고 해도 지금처럼 열심히 해결하려고 하지도 못했을 것 같습니다. 왜 복돌이 때는 안 보였던 것들이 콩이 때는 보이고, 복돌이 때는 못 했던 것들을 콩이 때는 할 수 있는지 생각해 봤습니다.

콩이가 복돌이의 환생인 것 같다고 이야기하면, 강아지가 무슨 환생을 하냐고 말하는 사람들이 많습니다. 강아지한테 너무 집착한 나머지 미친 거 아니냐는 눈빛으로 나를 쳐다봅니다. 그 사람들의 생각이 맞을지도 모릅니다. 그런데 세상에는 미쳐야 보이는 것들, 미쳐야 할 수 있는 것들도 있는 것 같습니다. 돌아보니 복돌이 때는 내가 너무 제정신이었습니다. 그래서 안 보인 것들, 못 한 것들이 많았습니다.

  복돌이와 함께할 때도 콩이와 함께할 때도 나는 그 어디에서도 느껴보지 못한 엄청난 행복을 느꼈습니다. 그런데 행복의 깊이가 다릅니다. 이제 와서 돌아보면 복돌이와 함께할 때 느꼈던 행복은 복돌이가 나에게 일방적으로 주는 행복이었습니다. 복돌이가 어려움을 겪고 있는데 그 어려움을 보지도 못하고 나 혼자 만족하고 있었습니다. 콩이와 함께할 때는 그런 부분들을 많이 줄이려고 노력했습니다. 콩이가 혹시라도 불편을 겪지는 않는지 부지런히 살피면서 콩이를 건강하고 편안하게 지켜 주려고 노력했습니다. 그런 시간이 쌓이면서 콩이와 나 사이에는 단단한 신뢰가 형성되었습니다. 단단한 신뢰를 기반으로 한 행복은 깊이가 매우 깊었습니다.

  이 책은 콩이와 내가 숱한 어려움을 겪으면서도 좌절하지 않고 서로에 대한 신뢰와 사랑을 키워 온 이야기를 다루고 있습니다. 그래서 우리가 겪었던 어려움들을 특성별로 크게 세 가지 부류로 나누고, 그에 따라 이 책을 세 개의 장으로 구성하였습니다. 첫 번째 장은 콩이를 사랑하지 않는 이전 보호자로부터 콩이를 지켜 낸 이야기를 다루고 있습니다. 두 번째 장은 콩이가 가지고 있었던 여러 가지 신체적, 정신적 증상들을 극복한 이야기를 다루고 있습니다. 세 번째 장은 알게 모르게 강아지에게 위협이 되는 세상 사람들을 상대했던 이야기를 다루고 있습니다.

  복돌이가 생을 마감한 지 16년이 지났습니다. 여전히 복돌이를 생각하면 가슴이 아려옵니다. 아무리 콩이가 복돌이의 환생이라고 해도 복돌이에게 잘해 주지 못했던 것들이 콩이에게 잘

해 준다고 해서 잊혀지진 않습니다. 콩이와 함께하며 행복이 깊어질수록 복돌이에게 잘해 주지 못했던 일들이 생각나 또 미안해집니다. 복돌이에게 미안한 마음과 콩이를 사랑하는 마음을 담아 이 책을 썼습니다.

차 례

들어가며 • 4

Ⅰ · 입양 이야기

1. 강아지를 구조하다 • 16
2. 도움을 요청하다 • 20
3. 인식 칩을 확인하다 • 24
4. 보호자를 찾아가다 • 28
5. 각서를 받다 1 • 32
6. 각서를 받다 2 • 36
7. 각서를 받다 3 • 42
8. 가족이 되다 • 48
9. 변덕은 어디까지? • 52
10. 만일에 대비하다 • 56
11. 운명을 깨닫다 • 60

II · 극복 이야기

1. 분리 불안(기초 훈련) • 66
2. 분리 불안(본격 훈련) • 72
3. 산책할 때 흥분하는 증상 • 78
4. 놀이할 때 흥분하는 증상 • 84
5. 새를 쫓아가는 버릇 • 89
6. 긴 막대기에 대한 트라우마(증상) • 94
7. 긴 막대기에 대한 트라우마(극복) • 98
8. 밥 안 먹는 증상 • 104
9. 지속적인 잇몸 출혈 • 110
10. 털이 핏빛으로 물드는 증상 • 118
11. 반복되는 염좌 • 122
12. 공복 토 • 130

Ⅲ · 세상 이야기

1. 주장: 강아지는 잘 짖어야 한다고 주장하는 사람들 • 140
2. 무시: 강아지가 사람보다 아래라고 생각하는 사람들 • 146
3. 고집: 강아지에 대해 잘 안다고 고집부리는 사람들 • 154
4. 욕심: 남의 강아지를 탐하는 사람들 • 162
5. 증오 1: 강아지를 괴롭히는 사람들 • 171
6. 증오 2: 강아지를 싫어하는 사람들 • 175
7. 공격 1: 자기 강아지의 공격성을 즐기는 사람들 • 182
8. 공격 2: 자기 강아지의 공격성을 자랑스러워하는 사람들 • 188
9. 거부 1: 강아지 동반 승차를 거부하는 대중교통 • 194
10. 거부 2: 강아지 동반 입장을 거부하는 식당 • 199
11. 거부 3: 강아지 동반 숙박을 거부하는 숙박업소 • 206
12. 권유: 강아지 추가 입양을 권유하는 사람들 • 210
13. 칭찬: 강아지가 보호자를 닮아 순하다고 칭찬하는 사람들 • 217
14. 걱정: 강아지를 돌보느라 내 회복이 늦어진다고 걱정하는 사람들 • 225

나오며 • 231

입양 이야기

1.
강아지를 구조하다

    찌는 듯한 더위가 며칠째 이어지던 여름날이었다. 여느 때와 다름없이 그날도 난 아침 일찍 절에 올라갔다가 내려오는 중이었다. 마을버스에서 내린 뒤 횡단보도 쪽으로 걸어갔다. 그때 여러 방향에서 순서대로 신호를 받고 나온 차들이 교차로를 통과하지 못하고 엉키기 시작했다.

    무슨 일인가 싶어 자세히 봤더니, 엉켜 있는 차들 사이에서 어찌할 바를 모르고 이리저리 돌아다니고 있는 작은 강아지가 보였다. 주변에 강아지의 보호자로 보이는 사람은 없었다.

    우선 강아지를 안전한 곳으로 이동시켜야겠다는 생각에 차도로 내려섰다. 강아지가 나를 피해 도망치면 더 위험해질 수 있으니까 움직임을 최대한 작게 하면서 천천히 다가갔다. 다행히 강아지는 나를 피하지 않았다. 혹시 낯선 사람을 물 수 있으니까 만지지는 않았다. 다가갔던 동작 그대로 천천히 인도 쪽으로 길을 트면서 앞장서 걸었다. 살짝 돌아보니 강아지가 나를 따라오고 있었다. 강아지가 인도로 완전히 올라서자, 사람들이 몰려들었다. 사람들은 나에게 강아지의 보호자냐고 물었다. 내가 지나가는 사람이라고 하자, 잠시 의아해하더니 이내 모두 사라졌다.

나는 보호자가 곧 나타날 줄 알고 그대로 서서 기다렸다. 강아지도 내 옆에서 얌전히 있었다. 그때까지만 해도 나는 강아지의 얼굴을 자세히 보지 않았다. 보호자가 나타날 때까지 강아지를 안전하게 데리고 있기만 하면 된다고 생각했다. 그런데 한참 기다려도 보호자가 나타나지 않았다. 어찌해야 하나 고민하다가 일단 강아지의 얼굴이라도 보려고 쪼그리고 앉았다.

그 순간 나는 그대로 주저앉을 뻔했다. 9년 전에 죽은 내 강아지, 복돌이가 살아서 내 앞에 나타난 것 같은 느낌을 받았다. 그럴 리가 없다고 부정할 참이었다. 얌전히 앉아 있던 강아지가 자기 몸을 일으켜 세우더니 내 입술을 한 번 핥았다. 그리고는 자기를 알아보겠냐는 듯이 내 눈을 지긋이 바라보았다. 나는 눈물이 왈칵 쏟아지려는 것을 겨우 참았다.

복돌이는 살아 있을 때 내 입술을 그렇게 열렬히 핥는 편은 아니었다. 그런데 병원에서 마지막 인사를 할 때 그 인사가 마지막이 될 거라는 걸 어떻게 알았는지 아픈 몸을 일으키더니 내 입술을 과할 정도로 열심히 핥아 주었었다. 나중에 보니까 내 옷 여기저기에 복돌이의 피가 묻어 있었다. 어디에서 샜는지 모르겠지만 피가 그렇게 샐 정도면 많이 아팠을 텐데, 그런데도 복돌이는 내 눈을 바라보며 한참 동안 내 입술을 핥아 주었었다.

그로부터 9년 후 복돌이와 똑같은 기운을 가진 강아지가 내 앞에 나타난 것이었다. 심지어 복돌이가 마지막에 나를 핥아 주었던 그 느낌 그대로 나를 핥으면서, 복돌이가 마지막 순간까지 나를 바라보던 그 눈빛 그대로 나를 바라보고 있었다. 나는 갑자기 9년 전 그날로 돌아간 기분이 들었다. 그때는 평소에 하지 않던 행동을 하는 복돌이의 의도를 알 수 없었다. 그런데 내가 구조한 강아지가 나를 핥을 때 그 눈빛을 보자, 복돌이가 다음 생에 나를 다시 찾아왔을 때 내가 자기를 알아보게 하려고 그날 나에게 신호를 남겼던 것이었을까 하는 생각이 들었다.

일단 일어서서 생각을 정리해 보았다. 복돌이는 몰티즈였고, 내가 구조한 강아지는 몰티즈가 약간 섞이긴 했어도 시츄였다. 털 색부터 달랐다. 성별도 달랐다. 복돌이는 남자였고, 이 강아지는 여자였다. 이 강아지가 복돌이의 환생이라고 하기에는 공통점이 너무 없었다. 그런데 이상하게도 이 강아지에게서 복돌이의 기운이 강하게 느껴졌다. 살면서 그렇게 강렬한 느낌은 처음이었다.

어리둥절해하며 강아지를 보고 있는데, 불현듯 예전에 복돌이를 잃어버렸던 때가 떠올랐다. 몇 분 만에 찾긴 했지만, 복돌이를 찾을 때까지 내 눈에 제대로 보이는 것이 아무것도 없었고 몇 분이 몇 년처럼 느껴졌었다. 이 강아지를 잃어버린 사람도 그때의 나와 같은 심정일 거라는 생각이 들었다. 그 사람이 찜통 같은 더위 속에서 강아지를 찾으려고 얼마나 열심히 뛰어다니고 있을까 싶었다. 정신이 번쩍 들었다. 엉뚱한 생각은 그만두고 시간이 더 늦어지기 전에 대책을 찾아보기로 했다.

2.
도움을 요청하다

 달리 가 볼 만한 곳도 없고 해서 일단 우리 집 쪽으로 방향을 잡았다. 강아지를 데리고 출발하려고 하니 강아지가 목줄이나 가슴줄을 하고 있지 않아 붙잡을 데가 없었다. 그렇다고 강아지를 줄도 없이 혼자 걷게 할 수는 없었다. 길에 오토바이와 차가 많이 다니고 있었다. 할 수 없이 조심스럽게 강아지를 안아 보았다. 신기하게도 강아지는 처음 본 나를 전혀 거부하지 않고 내 품에 쏙 안겼다.
 강아지를 안고 우리 집 방향으로 걸어가면서 문이 열려 있는 가게마다 무작정 들어갔다. 강아지를 사람들한테 보여주면서 본 적이 있냐고 물어보았다. 강아지를 알아보는 사람이 아무도 없었다. 사람들한테 혹시라도 잃어버린 강아지를 찾는 사람이 있으면 내가 안전하게 데리고 있으니까 너무 걱정하지 않아도 된다는 말을 전해 달라고 부탁했다. 그러면서 우리 집 방향으로 계속 걸었다.

집 근처에 있는 단골 슈퍼에도 들렀다. 사람들이 소식을 듣고 강아지를 보러 몰려들었다. 그곳에도 강아지를 알아보는 사람이 없었다. 계산대를 지키던 아줌마가 나에게 더운 날씨에 강아지한테 물은 줬냐고 물어보았다. 내가 아직 집에까지는 못 갔다고 하자, 아줌마가 종이컵에 물을 담아서 강아지에게 주었다. 강아지는 누가 봐도 더워 보이는데 물에는 끝내 입을 대지 않았다.

오랜만에 강아지를 안아서 그랬는지 강아지를 편안하게 안아 주고 싶은데 잘 안되었다. 슈퍼 아줌마가 준, 물이 든 종이컵까지 한 손에 들고 강아지를 안고 걸으려니까 강아지가 자꾸 미끄러져 내려갔다. 강아지가 불편할까 봐 중간중간 강아지의 얼굴을 봤다. 왜 그런지 강아지는 불편해하기는커녕 오히려 기분이 좋은 것처럼 보였다.

어찌저찌 집에 도착해서 강아지를 내려놓았다. 손에 들고 있던 종이컵을 내밀자, 강아지가 그 물을 허겁지겁 거의 다 마셨다. 그리고는 나를 쳐다보았다. 지금도 그 눈빛을 잊을 수가 없다. 그 눈빛은 분명히 나에게 이렇게 말하고 있었다. "네가 어떤 집에 살든 누구랑 살든 다 괜찮으니까, 너랑 같이 살게만 해 줘."

하지만 나는 내 마음에 들어오려고 하는 강아지를 애써 밀어내었다. 강아지의 보호자는 지금 강아지를 찾으려고 난리가 났을 텐데, 내 마음대로 강아지를 우리 집에 살게 하는 것은 엄연히 도둑질이라는 생각이 들었다. 게다가 나는 강아지를 키울 생각이 전혀 없었다. 복돌이를 보낸 후 마음이 너무 힘들었었다. 9년 동안 많이 무뎌지긴 했지만, 여전히 복돌이 생각만 스쳐도 눈물이 났다. 다시는 강아지를 키우지 않겠다고 수도 없이 다짐했었다. 무엇보다 큰 문제는 내 건강 상태였다. 당시에 나는 원인도 찾지 못한 채 몇 년째 시름시름 앓고 있었다. 강아지를 키울 여력이 없었다.

강아지의 보호자를 빨리 찾아야 했다. 도와줄 사람이 없을지 생각해 보았다. 가장 먼저 생각난 사람이 남자 친구였다. 남자 친구에게 전화했다.

남자 친구의 목소리가 들렸다. 그럴 생각이 전혀 없었는데, 남자 친구의 목소리를 듣자 갑자기 복돌이가 살아 돌아온 것 같다고 말하고 펑펑 울고 싶어졌다. 남자 친구는 복돌이를 알고 있었다. 내가 복돌이의 무덤에 갈 때 여러 번 같이 갔었기 때문이다.

하지만 남자 친구는 복돌이를 본 적이 없었다. 내가 남자 친구를 처음 만난 건 복돌이가 죽은 뒤 몇 년이 지난 후였다. 복돌이를 한 번도 본 적이 없는 사람에게 내 느낌을 말로 이해시킬 자신이 없었다. 어설프게 말을 꺼냈다가는 남자 친구를 심란하게 만들기만 할 것 같았다. 할 수 없이 복돌이 얘기를 꺼내지 않고 꾹 눌러 참았다.

절에 다녀오는 길에 강아지를 구조했고, 강아지의 보호자를 찾고 있는데 쉽지 않다고만 말했다. 내 말을 듣더니 남자 친구가 바로 갈 테니까 같이 보호자를 찾아보자고 했다.

다음으로 구청에 전화했다. 강아지를 구조했는데 보호자를 찾을 방법이 있냐고 문의했다. 담당 공무원은 관내 유기견을 관리하는 동물 병원을 알려주었다. 내가 강아지를 그 동물 병원에 데려다주는 방법도 있고, 구청에서 내가 있는 곳으로 차를 보내주는 방법도 있다고 했다. 나는 강아지가 그 동물 병원에 간 다음에는 어떤 절차가 있는지 물어보았다. 담당 공무원은 며칠 동안 보호자를 찾는 공고를 낸다고 했다. 보호자가 나타나지 않으면 입양을 원하는 다른 사람에게 입양시킨다고 했다. 나는 입양을 원하는 사람이 없으면 어떻게 되냐고 물어보았다. 담당 공무원은 강아지 종이 어떻게 되냐고 물었다. 내가 시츄라고 하자, 담당 공무원은 시츄는 인기가 좋아서 2, 3일 이내에 다 입양되니까 걱정하지 않아도 된다고 했다.

그 말을 듣고 있는데 나는 왠지 마음이 편치 않았다. 복돌이를 잃어버렸던 때가 또 떠올랐다. 내가 바로 찾지 못했으면 복돌이도 집에서 멀리 떨어진 곳으로 보내져 그곳에서 홀로 나를 기다리다가 자칫하면 아예 다른 집으로 보내졌을 수도 있었겠다고 생각하니 남의 일 같지 않았다. 나는 그날 하루만이라도 내가 강아지를 데리고 있으면서 주변에서 강아지의 보호자를 찾아봐도 되는지 물어보았다. 담당 공무원은 그렇게 해 주면 감사하다고 했다. 그러면서 혹시 강아지의 몸에 인식 칩이 내장되어 있을지 모르니까 가까운 동물 병원에 가서 확인해 보라고 알려주었다.

3.
인식 칩을 확인하다

일단 그 정도까지만 일을 처리해 놓고 나는 강아지를 거실에 혼자 둔 채 볼일을 보러 화장실에 갔다. 볼일을 마친 후 손을 씻고 있는데, 남자 친구가 현관문 번호 키의 비밀번호를 누르는 인기척이 났다. 그렇게 빨리 도착할 수 있는 거리에 있지 않았는데 내 전화를 받고 거의 날다시피 온 모양이었다.

순간 나는 남자 친구가 강아지를 키워 본 적이 없다고 얘기했던 기억이 났다. 강아지를 키워 본 경험이 없는 남자 친구가 현관문을 열고 들어서자마자 혼자 돌아다니고 있는 강아지와 마주쳤을 때 얼마나 당황스러울지 걱정되었다. 또 강아지가 지금까지는 얌전했지만 자기가 있는 공간에 낯선 사람이 들어올 때는 어떻게 반응할지 예상할 수 없어 그것도 걱정되었다. 손에 묻은 물을 닦지도 못하고 그대로 뛰어나갔는데, 이미 현관문은 열렸고, 남자 친구와 강아지의 눈이 마주쳤다.

　내 걱정은 기우였다. 강아지가 남자 친구를 바라보는 눈빛에는 온화함이 있었다. 그 눈빛은 이렇게 말하고 있었다. "음, 너도 여기 사니? 앞으로 잘 지내자." 남자 친구가 노크도 없이 혼자 문을 열고 들어오는 것을 보고 강아지가 남자 친구를 우리 집에 원래 살고 있던 사람이라고 오해한 것 같았다. 그래도 그 덕분에 강아지와 남자 친구의 첫 만남은 순조로웠다. 나중에, 시간이 아주 많이 흐른 후에 남자 친구가 그때의 일을 종종 이야기하곤 했다. 남자 친구는 그때까지 모든 강아지는 낯선 사람을 무조건 경계할 거라고 생각했었다고 했다. 콩이를 보고 그렇지 않은 강아지도 있다는 것을 처음 알았다고 했다. 그날 남자 친구와 강아지는 만나자마자부터 원래 알고 지내던 사이처럼 자연스럽게 어울렸다.

　구청으로부터 들은 이야기를 남자 친구에게 전하자, 남자 친구가 큰길가에 있는 동물 병원에 가 보자고 했다. 강아지를 동물 병원에 데리고 가려면 강아지 줄이 필요했다. 나는 복돌이가 사용하던 물건을 하나도 버리지 않고 그대로 보관하고 있었다. 복돌이의 물건이 담긴 가방을 열고 복돌이의 가슴줄을 꺼냈다. 강아지에게 복돌이의 가슴줄을 채워 주었다. 9년 만에, 복돌이의 기운을 풍기는 강아지가 복돌이의 가슴줄을 하고 있는 모습을 보니, 내 마음에 만감이 교차했다. 하지만 그때도 복돌이가 살아 돌아온 것 같다는 얘기는 입 밖으로 꺼내지 않았다. 혼자 속으로 먹먹한 마음을 삭였다.

잠시 후 남자 친구와 함께 강아지를 데리고 동물 병원으로 출발했다. 가는 길에 슈퍼에 들러서 궁금해하고 있을 사람들에게 구청으로부터 들은 이야기를 전하고 인식 칩을 확인해 보러 동물 병원에 간다고 했다. 사람들은 그런 방법이 있는 줄 몰랐다고 하면서 동물 병원에 갔다 와서 어떻게 됐는지 또 알려 달라고 했다.

동물 병원에 가니까 수의사가 강아지를 바로 알아보았다. "너, 콩이 아니니?"라고 했다. 내가 구조한 강아지의 이름이 콩이였다. 그런데 수의사의 표정이 좋지 않았다. 동물 병원에 있는 다른 직원들도 콩이를 보자 전부 표정이 안 좋아졌다. "아휴, 쟤 또 왔어."라고 했다. 수의사는 최근 몇 달 사이에 콩이를 구조해서 그 동물 병원에 데리고 온 사람이 내가 세 번째라고 했다. 나는 수의사에게 그래도 혹시 모르니까 인식 칩을 확인해 달라고 부탁했다. 확인해 보자 콩이가 맞았다.

수의사는 보호자에게 앞으로 다시는 콩이가 탈출하지 못하도록 안전문을 설치하라고 신신당부했는데 또 이런 일이 벌어졌다면서 보호자에 대해 화를 냈다. 나는 수의사에게 앞으로 어떤 절차가 있는지 물어보았다. 수의사는 내가 콩이를 동물 병원에 두고 가면 구청에서 와서 데리고 간 뒤 절차에 따라 보호자에게 돌려보낸다고 했다.

나는 이번이 그 동물 병원에서만 세 번째 구조라는 말까지 듣고 나니 콩이를 두고 발걸음이 떨어지지 않았다. 수의사에게 내가 마음이 안 놓여서 그렇다고 하면서 콩이를 직접 보호자에게 데려다줘도 될지 물어보았다. 수의사는 보호자의 허락 없이 보호자의 연락처를 나에게 알려줄 수는 없다고 했다. 나는 그러면 수의사가 보호자에게 먼저 연락해서 물어본 후 보호자가 괜찮다고 하면 나에게 알려주면 어떻겠냐고 물어보았다. 수의사는 일단 내 연락처를 동물 병원에 남겨 놓고 집에 가서 기다리면 알아보고 연락해 주겠다고 했다. 나는 연락처만 남겨 놓고 남자 친구와 함께 콩이를 데리고 다시 집으로 왔다.

집으로 오는 길에 슈퍼에 들러서 동물 병원에서 들었던 이야기를 전했다. 사람들은 내 이야기를 듣더니 무슨 보호자가 강아지를 몇 달 사이에 세 번이나 잃어버리냐고 하면서 뭔가 이상하지 않냐고 수군거렸다.

집에 돌아와서 한참 기다린 후에야 동물 병원에서 연락이 왔다. 보호자가 연락처를 알려줘도 된다고 했다고 했다. 그런데 수의사는 보호자가 아무래도 이상한 것 같다고 했다. 콩이를 돌려줄 때 보호자를 잘 좀 살펴봐 달라고 했다.

4.
보호자를 찾아가다

보호자에게 전화해 보니 젊은 여자였다. 보호자는 우리 집에서 걸어서 10분도 안 되는 거리에 살고 있었다. 나는 또다시 남자 친구와 함께 콩이를 데리고 길을 나섰다. 슈퍼에 들러서 콩이를 보호자에게 데려다주러 간다고 이야기했다. 사람들이 콩이에게 잘 가라고 인사했다. 나는 보호자가 콩이를 찾아서 얼마나 기뻐할지 상상하면서 그 집을 찾아갔다.

잠시 후 내 눈 앞에 펼쳐진 현실은 내 예상에서 많이 벗어나 있었다. 우리가 찾아갔을 때 여자는 이불 빨래를 하느라 분주했다. 콩이를 썩 반기지도 않았다. 나는 그 집에 콩이를 두고 나올 수가 없었다. 콩이가 나를 따라 바로 밖으로 나와도 전혀 이상하지 않을 것 같았다. 콩이에게 해 주었던 복돌이의 가슴줄을 풀지도 못하고 콩이와 함께 현관에 우두커니 서 있었다. 남자 친구도 아무 말 없이 내 뒤에 서 있었다.

나는 그런 여자를 보면서 잃어버린 강아지를 찾고도 어떻게 저렇게 행동할 수 있을지 이해가 안 되었다. 나름대로 이런저런 경우의 수를 생각해 보았다. 아무래도 강아지가 혼자 집 밖에 나갔을 때 얼마나 위험한지를 잘 모르는 것 같았다. 그걸 알고도 저렇게 행동할 수는 없다고 생각했다. 그래서 여자가 묻지도 않는데 내가 콩이를 구조할 당시에 콩이가 얼마나 위험한 상황에 처해 있었는지를 말했다. 나는 이 정도만 말해도 여자가 깜짝 놀라 정신을 바짝 차릴 줄 알았다. 그런데 이번에도 여자의 반응은 내 예상과 달랐다. 여자는 내 말을 듣고도 여전히 시큰둥했다.

당황스러운 일은 그것이 끝이 아니었다. 여자가 잠시 머뭇거리더니 대뜸 나에게 콩이를 맡아서 키우면 안 되겠냐고 물었다. 나는 그 말을 듣고 당황스럽기도 했지만, 동시에 '진짜 복돌이가 나에게 오려고 환생한 것이 맞나?' 하는 생각이 한 번 더 강하게 들었다. 마음 같아서는 얼른 콩이를 데리고 우리 집에 오고 싶었다. 하지만 선뜻 결정을 내릴 수가 없었다. 가장 걸리는 건 내 건강 상태였다. 잘 챙겨 주지도 못할 거면서 괜히 우리 집에 데리고 왔다가 콩이는 콩이대로 불편하고 나는 나대로 마음 아플까 봐 걱정되었다.

일단 내 사정 얘기는 꺼내지 않고 여자의 사정부터 물어보았다. 여자는 얼마 전에 사기를 당해서 경제적으로 많이 어려워졌고, 사기 문제를 해결하러 법원에 계속 가야 한다고 했다. 또 지방으로 이사하려고 하는데 이사할 집을 알아보려면 지방에 자주 가야 해서 강아지를 돌볼 수가 없다고 했다. 여자는 자신이 얼마나 힘들게 사는지를 증명하려고 그랬는지 나를 데리고 다니면서 집 안 구석구석을 보여주었다. 찬장과 냉장고를 열어서 보여주는데, 텅텅 비어 있었다.

나는 여자의 이야기를 다 듣고 나서 내 건강 상태가 좋지 않다는 얘기를 꺼냈다. 여자는 내 말을 듣더니 내가 못 키우겠다고 하면 다른 사람을 알아볼 수밖에 없다고 했다. 내가 너무 놀라서 눈이 휘둥그레지자, 여자는 콩이가 원래 자기 강아지가 아니라고 했다. 콩이는 어떤 젊은 부부의 강아지였는데, 그 집에 아기들이 있었다고 했다. 아기들이 장난으로 콩이를 많이 괴롭혔다고 했다. 콩이는 그 당시에 자기도 아기 강아지이면서 성품이 워낙 순하다 보니까 괴롭힘을 고스란히 참고 있었다고 했다. 그걸 보다 못한 부부가 아기가 없이 혼자 사는 여자에게 콩이를 키우라고 줬다고 했다.

그 이야기를 듣는 내내 내 마음이 너무 아팠다. 콩이가 어린 나이에 아무것도 모르는 아기들에게 무방비로 노출되었었다는 것도 마음 아팠고, 콩이가 한 번 파양 당한 후 재입양되었다는 이유로 여자로부터 자기 강아지가 아니라는 말을 듣는 것도 마음 아팠다. 무엇보다 콩이가 그런 어이없는 일들을 당하고 있는데, 내가 콩이를 데려가겠다고 선뜻 나서지 못하는 것이 가장 마음 아팠다.

　마음 아픈 것보다 더 큰 문제가 있었다. 앞으로의 일이었다. 여자가 콩이를 다른 사람에게 보내겠다고 하는데, 어떤 사람에게 보낼지 알 수 없어서 불안했다. 나는 어떻게든 콩이를 내 가까이에 두고 도움을 주고 싶었다. 그래서 속상한 마음은 누르고 여자를 살살 달랬다. 내가 어떻게든 도와줄 테니까 콩이를 계속 키우면 안 되겠냐고 물어보았다. 여자도 다시 생각해 보는 것 같았다. 여자는 일이 잘 풀리면 이사를 안 갈 수도 있다고 했다. 나는 여자에게 내가 콩이를 얼마 동안 돌봐 주면 일이 어느 정도 해결될 것 같은지 물어보았다. 여자는 대답을 못하고 머뭇거렸다. 내가 1주일 정도면 어떻겠냐고 물어보았다. 여자가 흔쾌히 좋다고 했다.

　사실 그때 나는 몸이 아파서 몇 년째 박사학위 논문을 완성하지 못하고 있었다. 이런 내가 남의 강아지를 돌보겠다고 나서는 게 맞는지 한 번 더 망설여졌다. 하지만 콩이가 복돌이의 환생일지도 모르는데 여기서 돌아서면 나중에 두고두고 후회할 것 같았다. 나는 혼자 속으로 이렇게 결론을 내렸다. 강아지를 1주일 돌본다고 해서 내 몸 상태가 급격히 나빠질 것도 아니고, 강아지를 안 돌본다고 해서 갑자기 논문을 완성할 수 있는 것도 아니라고. 그래서 여자에게 알겠다고 대답했다.

5.
각서를 받다 1

아무리 1주일이라지만 최소한의 안전장치도 없이 남의 강아지를 우리 집에 데려와서 돌볼 수는 없었다. 조심스럽게 여자에게 각서 얘기를 꺼내 보았다. 내가 최선을 다해서 콩이를 잘 돌보겠지만, 사람의 일이라는 게 모르는 일이라 혹시라도 1주일 사이에 콩이에게 무슨 문제가 생길지 알 수 없지 않냐고 했다. 콩이에게 어떠한 문제가 생기더라도 나에게 책임을 묻지 않겠다는 각서를 써 줄 수 있냐고 물었다. 나는 "어떠한 문제가 생기더라도"라는 표현 때문에 여자가 그렇게까지 하면서 콩이를 맡길 수는 없다고 대답할 줄 알았다. 그런데 이번에도 내 예상과 달랐다. 여자는 선뜻 각서를 써 주겠다고 대답했다.

여자가 각서까지 써 주겠다는데, 내가 더 머뭇거릴 이유는 없었다. 어차피 콩이를 대신 돌봐 주기로 마음을 정했으니까 각서만 받아서 빨리 그 집에서 나오려고 했다. 그런데 그 집에 종이도 펜도 아무것도 없었다. 각서를 쓰고 싶어도 쓸 도구가 없었다. 그렇다고 각서를 안 받을 수는 없었다. 나는 여자에게 우리 집에 가면 종이와 펜이 있는데 같이 가겠냐고 물어보았다. 여자는 이번에도 선뜻 가겠다고 대답했다.

출발하기 전에 콩이가 1주일 동안 쓸 물건을 챙겼다. 먼저 여자에게 콩이가 1주일 동안 먹을 사료를 달라고 했다. 여자가 사료를 꺼내 오는데, 그걸 보는 순간 나는 마음이 상했다. 내가 복돌이를 키울 때는 먹여 본 적이 없는 저급 사료였다. 다음으로 여자에게 콩이가 쓰던 칫솔과 치약을 챙겨 달라고 했다. 여자는 강아지도 그런 게 있냐고 물었다. 나는 그동안 콩이한테 양치질을 한 번도 안 시켜 줬냐고 물었다. 여자는 그렇다고 했다. 내가 귀 청소 액도 없냐고 하니까 여자는 또 그렇다고 했다. 나는 콩이를 위해 새로 구입할 게 많겠다는 생각이 들었다.

여자는 우리 집으로 걸어가는 길에 나에게 내 남자 친구가 좋아 보인다고 말을 꺼냈다. 처음에 나는 여자가 나에게 고맙고 미안한 마음을 돌려서 그렇게 표현하는가 보다 생각했다. 그래서 고맙다고 간단히 인사했다. 그런데 여자는 우리 집에 도착해서 또 그 이야기를 꺼냈다. 어떻게 하면 저렇게 좋은 남자를 만날 수 있냐고 하면서, 자기가 만난 남자들은 하나같이 양아치들이었다고 하소연했다. 나는 순간 불쾌해졌다. 내가 분명히 내 건강 상태가 안 좋다고 말했는데, 이런 나한테까지 강아지를 맡아 달라고 할 정도로 절박해 보이던 여자는 어디 가고 느닷없이 무슨 남자 타령인가 싶었다. 그래서 이렇게 말했다. "좋은 남자를 만나고 싶으면 본인이 먼저 좋은 사람이 되어야죠." 내 말을 듣더니 여자는 더 이상 내 앞에서 내 남자 친구에 대해 이야기하지 않았다.

그러고 보니 여자의 집에 먹을 것이 없었던 게 생각났다. 콩이도 콩이지만, 여자도 걱정되었다. 냉장고에서 수박을 꺼내서 잘라 주고 먹으라고 했다. 그사이에 나는 종이와 펜을 준비했다.

내가 종이와 펜을 내밀자, 수박을 먹고 있던 여자는 각서를 써 본 적이 없어서 어떻게 쓰는 지를 모르겠다고 했다. 그러면서 자기는 한 입으로 두말하는 사람이 아니니까 각서까지 안 써도 된다고 했다. 나는 그때 이상하게 물러서기가 싫었다. 그래서 이렇게 말했다. 수십 년을 알고 지낸 사이도 한순간에 틀어지는 일이 허다한데, 오다가다 만난 사이에 물건도 아니고 생명을 주고받는 일을 소홀히 할 수 있겠냐고. 여자는 다시 잠잠해졌.

시간을 더 끌다가는 각서를 못 받을 수도 있겠다는 생각이 들었다. 나도 어떻게 써야 할지 막막했지만 일단 생각나는 대로 필요한 사항을 종이에 적어 내려갔다. 여자에게 보여주니까, 여자는 다 좋다고 하면서 자필로 서명해 주었.

여자에게 콩이의 나이를 물어보았다. 여자는 2년 6개월이 되었다고 대답했다. 내가 콩이를 처음 봤을 때 2년 반 정도 되었겠다고 생각했는데 정확히 일치했다.

다음으로 여자에게 콩이한테 예방 접종을 어디까지 해 줬는지 물어보았다. 여자는 강아지 예방 접종이 어떤 게 있는지 잘 몰랐다. 한 것 같기도 하고 안 한 것 같기도 하다고 했다. 내가 콩이 몸에 인식 칩을 넣을 때 동물 병원에서 예방 접종을 하라고는 안 했냐고 물어보았다. 여자는 자기가 콩이를 자꾸 잃어버리니까 구청에서 콩이에게 인식 칩을 넣고 중성화 수술을 시켜야만 콩이를 내주겠다고 해서 할 수 없이 그때 그 비용만 지불했다고 했다.

나는 예방 접종을 했으면 동물 병원 전산에 기록이 남아 있을 거라고 하면서 콩이가 다니는 동물 병원 이름만 알려 달라고 했다. 여자는 동물 병원 이름이 기억나지 않는다고 했다. 내가 동물 병원 위치만 알려주면 그 일대 동물 병원에 다 연락해 보겠다고 하니까, 위치도 기억나지 않는다고 했다. 여자는 콩이의 진료 카드를 갖고 있다고 했다. 다음에 올 때 가져다준다고 했다.

여자가 가고 난 뒤, 콩이와 산책을 나갔다. 산책하는 길에 슈퍼에 들러 콩이를 1주일 동안 돌봐 주게 된 사연을 전했다. 사람들은 내 말을 듣더니 다들 경악했다. 그 여자를 이해하기 힘들다고 했다. 처음 본 사람을 어떻게 믿고 강아지를 1주일씩이나 맡기냐고 했다.

6.
각서를 받다 2

콩이가 우리 집에 온 지 며칠 안 되었을 때였다. 공사를 하고 있던 옆 건물에서 실수로 우리 건물의 인터넷 선을 끊는 사건이 발생했다. 우리 건물 안에 있던 사람들이 누구는 컴퓨터에 인터넷 연결이 끊겼다, 누구는 TV가 안 나온다 하면서 건물 밖으로 몰려나왔다.

나도 콩이를 데리고 밖으로 나갔다. 내가 사람들과 함께 원인을 알아보는 동안 콩이는 내 옆에 얌전히 있었다. 그때 우리 건물에 살고 있던 사람들이 콩이를 처음 보았다. 사람들은 나에게 무슨 강아지냐고 물었다. 나는 콩이를 길에서 구조한 이야기와 보호자의 사정으로 1주일 동안 대신 돌보게 된 이야기를 했다. 사람들은 어떻게 이렇게 조용한 강아지가 다 있냐며, 강아지가 우리 집에 있는 줄도 몰랐다고 했다. 콩이는 그날 우리 건물에 사는 사람들에게도 좋은 인상을 남겼다.

콩이를 1주일 동안 돌보면서 꿈처럼 행복했지만, 힘든 점도 있었다. 콩이는 분리 불안이 매우 심했다. 산책을 하루에도 몇 번씩 하니까 평소에는 실내에서 배변을 아예 하지 않았다. 그런데 집에 잠깐만 혼자 있어도 배변 실수를 했다. 내가 몸이 아파서 그동안 이불 빨래를 자주 하지 못하고 있었는데, 콩이가 온 이후로는 거의 매일 이불 빨래를 해야 했다. 콩이는 현관문 둘레에 붙여 놓은 방풍 스펀지도 뜯어서 가루로 만들어 놓았다. 평소에는 신발 벗는 곳에 내려서지도 않는데, 분리 불안이 시작되면 그 공간을 자유자재로 사용하는 것 같았다.

분리 불안 증상이 발현했을 때 콩이의 눈빛을 보면, 정신이 반쯤 나간 것처럼 눈동자가 풀려있었다. 그럴 때마다 나는 콩이를 품에 꼭 안고 등을 쓰다듬으면서 진정시켰다. 그렇게 한참을 진정시켜야 콩이는 겨우 정신을 차리고 초점이 제대로 잡힌 눈동자로 나를 보았다.

콩이를 맡기고 간 여자는 연락이 없었다. 콩이가 우리 집에 온 지 만 하루가 지나도록 여자에게서 아무런 연락이 없었을 때 나는 마음이 아팠다. 여자가 나에게 부담을 주지 않으려고 연락하고 싶은 마음을 참는 줄 알았다. 많이 힘들 거라고 생각했다. 그래서 둘째 날에 내가 먼저 저녁 식사에 초대하겠다고 문자를 보냈다. 여자가 내 문자를 보면 엄청 감동할 거라고 생각했다. 그런데 그때도 내 예상은 빗나갔다. 여자는 왜 그러냐고 답장을 보냈다. 나는 콩이가 걱정되면 우리 집에 콩이를 보러 와도 된다고 답장을 보냈다. 여자는 걱정되지 않는다고 하면서 바빠서 못 온다고 했다. 이후 여자는 연락이 없었다. 6일째 되는 날에도 또 내가 먼저 문자를 보내서 언제 오겠냐고 물었다.

다시 만난 여자는 자신이 1주일 전에 얘기했던 일들이 아직 해결되지 않았다고 했다. 나에게 콩이를 좀 더 돌봐 줄 수 없겠냐고 했다. 나는 시간이 얼마나 더 필요한지 물었다. 여자는 최소 한 달은 필요하다고 했다. 나도 처음에 1주일을 제안할 때부터 여자가 얘기하는 일들이 그렇게 빨리 해결될 문제는 아니라고 생각했었다. 여자에게 시간이 더 필요할 거라고 짐작하고 있었다.

그래도 꼭 짚고 넘어가야 할 문제가 있었다. 나는 콩이가 분리 불안이 심하다고 말을 꺼냈다. 여자는 내 말을 듣자마자 갑자기 태도가 싸늘해졌다. 나에게 그래서 콩이를 돌봐 주지 못하겠다는 뜻이냐고 물었다. 나는 한 달이나 더 지나서 말하면 나 때문에 콩이에게 분리 불안이 생겼다고 할까 봐 그런다고 대답했다. 그제야 여자의 목소리가 편안해졌다. 그 문제는 자기 집에 있을 때부터 있던 문제라고 하면서 자신도 알고 있다고 했다. 나는 말로 하는 건 불안하니까 그 내용을 포함해서 한 달짜리 각서를 다시 써 줘야만 콩이를 더 돌봐 주겠다고 했다. 여자는 선뜻 써 주겠다고 했다.

그때까지도 나는 여자가 내 눈치를 보느라 콩이를 보고 싶은 마음을 표현하지 못하고 참고 있을 거라고 생각했다. 여자에게 평소에 콩이가 산책하는 시간과 장소를 알려주었다. 우리 집에 오기 불편하면 밖에서도 콩이를 볼 수 있다고 했다. 여자는 알겠다고 했다.

두 번째 각서를 작성한 후 여자에게 콩이의 진료 카드를 달라고 했다. 여자는 아무리 찾아봐도 없었다고 했다. 진료 카드까지 없다고 하니, 나는 콩이에게 예방 접종을 어떻게 해 줘야 할지 막막했다.

그런데 여자가 대뜸 급한 일이 있어서 빨리 가 봐야 한다고 했다. 그러면서 5만 원짜리 지폐를 나에게 건넸다. 예방 접종 비용에 보태라고 했다. 나는 돈을 받으려고 그런 게 아니라고 하면서 받지 않았다.

여자는 돈을 식탁에 던지듯이 놓고는 현관문을 열고 뛰쳐나갔다. 나는 그 돈을 집어 들고 신발도 대충 신은 채 따라 나갔다. 여자는 나를 힐끗 돌아보더니 우리 건물 주차장에 주차해 놓았던 고급 승용차에 올라타고 바로 시동을 걸었다. 나는 출발하는 차에 달려가서 조수석 문을 열었다. 여자는 내가 그렇게까지 할 줄 몰랐는지 깜짝 놀라서 브레이크를 밟고 나를 쳐다보았다. 나는 여자가 놓고 간 5만 원짜리 지폐를 차 안에 던져 넣고 문을 닫았다. 여자는 그대로 차를 몰고 떠났다.

여자가 떠나자마자 나는 바로 콩이를 데리고 동물 병원으로 갔다. 여름이라 심장사상충 감염 위험이 높아서 예방 접종을 빨리 해야 했다. 수의사는 예방 접종을 한 적이 없으면 감염 여부를 확인하는 검사부터 하고 예방 접종을 해야 한다고 했다. 나는 비용을 지불할 테니까 전부 해 달라고 했다. 수의사는 보호자에게 비용을 받았냐고 물어보았다. 나는 보호자가 보태라고 돈을 주긴 했는데, 이 정도는 내가 해 주고 싶어서 안 받았다고 대답했다.

검사 결과 다행히 콩이는 심장사상충에 감염되지 않은 상태였다. 바로 예방 접종을 했다. 수의사가 다른 예방 접종은 급하게 하지 않아도 된다고 했다. 나는 일단 지켜보기로 하고 콩이를 데리고 집으로 왔다.

오는 길에 슈퍼에 들러 콩이를 한 달 더 돌보게 된 이야기를 했다. 그때까지 사태를 가만히 지켜보고만 있던 한 아줌마가 내 이야기를 듣더니 도저히 안 되겠다는 표정으로 나섰다. 나에게 한 달이면 강아지한테 정이 흠뻑 들 텐데 그때 가서 그 여자가 강아지를 돌려 달라고 하면 마음 아파서 어떻게 떼어 놓으려고 이런 일을 떠맡냐고 했다. 슈퍼에 있던 사람들이 그 아줌마의 말을 듣더니 전부 걱정스러운 눈빛으로 나를 쳐다보았다.

그 당시에 나는 혼자 속으로 콩이가 복돌이의 환생인 것 같다고 생각하고 있었기 때문에 복돌이와 다시 함께 살아 볼 수 있는 기회가 단 하루만이라도 내게 주어진 것에 행복하고 감사했다. 그런데 아줌마의 말을 듣고 보니 복돌이 이야기를 모르는 사람들은 그런 걱정을 할 수 있겠다는 생각이 들었다.

그래도 여러 사람이 오가는 자리에서 오랫동안 내 마음속 깊이 묻어 두었던 복돌이 이야기를 가볍게 꺼내고 싶지는 않았다. 그렇다고 좋은 뜻에서 나를 걱정해 주는 사람들의 마음을 나 몰라라 할 수도 없었다. 그래서 이렇게 말했다. "콩이랑 같이 살아 볼 기회가 제게 주어졌다는 것만으로 감사해요. 기간은 상관없어요. 더 바라면 욕심이죠."

사람들은 내 말이 무슨 뜻인지 몰라 의아해하는 표정을 지었다. 당연했다. 이 말 때문에 사람들은 오히려 더 혼란스러울 수 있었다. 내가 어쩌다가 콩이를 그렇게까지 특별하게 생각하게 되었는지 이해할 수 없을 것이기 때문이었다.

그래도 나는 내가 이렇게 말하면 내가 콩이를 아무리 좋아하게 된다 한들 콩이에게 집착하지는 않을 거라는 걸 사람들이 알 수 있을 거라고 생각했다. 내 예상이 맞았다. 사람들은 각자 내 말의 뜻을 잠시 생각해 보는 것 같더니 이내 다들 표정이 편안해졌다. 내가 이런 마음으로 콩이를 돌본다면 한 달 뒤에 콩이를 그 여자에게 돌려주게 되더라도 크게 상처 받지는 않겠다고 생각하는 눈치였다.

7.
각서를 받다 3

 한 달이 다 되어가도록 여자는 찾아오지도 않았고 연락도 없었다. 동네 사람들이 하나둘 나한테 콩이를 그 여자에게 돌려주지 말고 내가 키웠으면 좋겠다고 이야기하기 시작했다. 나도 같은 생각이었다. 아무래도 그 여자는 콩이를 챙길 여력이 없는 것 같았다. 여자가 콩이를 다른 사람에게 보내겠다고 했지만, 여자가 그동안 했던 말들을 미루어 봤을 때 여자 주변에 콩이를 제대로 돌볼 사람이 있을 것 같지도 않았다. 내 몸이 좀 힘들더라도 내가 콩이를 돌봐야 내 마음이 편안할 것 같았다.

 콩이를 내가 키우겠다고 완전히 결정을 내리기까지 마음에 걸리는 것이 한 가지 있었다. 박사학위 논문이었다. 콩이를 키우려면 시간이 절대적으로 많이 필요했다. 안 그래도 몸이 아파서 논문에 집중하지 못하고 있었는데, 논문 쓸 시간까지 줄어들면 졸업 기한 안에 논문을 완성하지 못하는 일이 벌어질 수 있었다. 나는 콩이를 여자에게 돌려보낸 후 내가 논문에 집중할 수 있을지 생각해 봤다. 복돌이의 환생일지도 모르는 콩이가 어딘가에서 제대로 보살핌도 받지 못하고 살 것을 생각하니 논문에 집중하는 거는 고사하고 두 발 뻗고 잠도 못 잘 것 같았다. 그럴 바에야 차라리 다른 데서 시간을 최대한 아껴 쓰면서 콩이도 키우고 논문도 쓰는 게 논문을 완성할 가능성이 높아 보였다.

콩이를 키우기로 마음을 정한 후 가장 먼저 남자 친구에게 내 뜻을 전했다. 남자 친구는 내 얘기를 듣더니 자기가 반대하면 어떻게 할 거냐고 물었다. 나는 한 치의 망설임도 없이 남자 친구와 헤어지고서라도 콩이를 내가 키울 거라고 대답했다. 남자 친구는 내 대답을 전혀 예상하지 못한 것 같았다. 갑자기 언성을 높였다. 굴러온 돌이 박힌 돌을 뽑는다더니 이게 무슨 소리냐고 했다. 같은 사람도 아닌 작은 강아지랑 자기가 경쟁해야 하는 거냐고 했다.

나는 콩이를 처음 봤을 때 복돌이가 살아서 돌아온 줄 알았다는 말을 처음으로 입 밖으로 꺼내려고 했다. 그런데 입에서 말이 나오기도 전에 눈에서 눈물부터 흘러내렸다. 할 수 없이 울면서 말을 시작했다. 사람들이 나를 미쳤다고 할 것 같아서 아무한테도 말을 못 하고 있었다고 했다. 나 역시도 내 느낌을 부정했다고 했다. 그런데 모든 상황이 콩이를 내가 키우도록 돌아가고 있지 않냐고 했다. 복돌이를 위하는 내 간절한 마음이 하늘 끝까지 닿아서 이런 일이 나와 복돌이에게 일어난 것 같다고 했다.

남자 친구는 그럼 자신은 어떡하냐고 했다. 나는 나를 정말 사랑한다면 다음 생에 한 번만 더 나를 찾아와 달라고 했다. 이번에 내가 복돌이를 한눈에 알아봤듯이 그때는 남자 친구를 한눈에 알아보겠다고 했다. 이번 생에 못다 한 인연은 그때 마저 이어 가자고 했다. 남자 친구는 내 말을 들은 후 한참 동안 생각에 잠겨 가만히 있었다. 그러다가 생각을 다 정리했는지 말을 꺼냈다. 내가 몸도 아픈데 혼자서 강아지를 어떻게 키우냐고 했다. 자기가 도와주겠다고 했다.

내가 고맙다고 하니까 남자 친구가 그제야 웃으면서 이야기했다. 자기도 한 달이 다 되어가도록 그 여자가 연락 한번 안 하는 걸 보면서 아무래도 내가 콩이를 키우게 되겠다고 생각하고 있었다고 했다. 그러면서 나에게 아무리 콩이를 키우고 싶더라도 그렇지, 말이라도 자기 기분 나쁘지 않게 자기가 반대하면 어쩔 수 없지만 한 번만 더 생각해 주면 안 되겠냐는 식으로 할 수는 없냐고 물었다. 나는 책임질 수 없는 말로 사람을 헷갈리게 하는 건 사랑이 아니라고 했다.

각서에 썼던 한 달 기간이 종료되기 하루 전이었다. 그때까지도 여자에게서는 아무런 연락이 없었다. 이번에도 내가 먼저 전화했다. 여자는 전화를 받자마자 내 말은 들어 보지도 않고 다짜고짜 자기 할 말을 시작했다. 나에게 앞으로 콩이를 계속 키우면 안 되겠냐고 물었다. 그 얘기는 어느 정도 예상했던 일이라 많이 당황스럽지는 않았다. 여자에게 콩이의 양육권을 완전히 포기하겠다는 각서만 써 달라고 했다.

여자는 그럴 필요까지 있냐고 하면서 바빠서 못 온다고 했다. 나는 내가 여자가 있는 곳으로 갈 테니 서명만 해 달라고 했다. 어디로 가면 되냐고 물었다. 여자는 말을 계속 바꾸면서 나를 피하려고 했다. 나는 이번 각서가 진짜 각서라는 생각이 들었다. 이번 각서를 받지 못하면 콩이를 키우는 내내 불안할 것 같았다. 어떻게든 여자를 달래서 겨우 약속을 잡았다. 여자의 집 앞에서 만나기로 했다.

이번에는 제대로 각서를 만들었다. 인터넷에 찾아보니까 은퇴한 군견을 민간인에게 입양시킬 때 군대에서 사용하는 양해 각서가 있었다. 그 양식을 참고해서 컴퓨터로 각서를 만든 후 출력했다. 여자가 서명만 하면 되도록 칸을 비워 놓았다. 각서를 들고 여자의 집 앞으로 갔다. 콩이와 남자 친구도 함께 갔다.

약속 시간이 지나도 여자는 나타나지 않았다. 나는 밤을 새워서라도 여자의 집 앞을 지키고 있다가 서명을 꼭 받을 요량이었다. 그런데 내 예상과 달리 여자는 약속 시간에서 얼마 지나지 않아 곧 나타났다.

내가 각서를 내밀자, 여자는 펜이 없다고 했다. 내가 그럴 줄 알고 미리 준비해 간 펜을 내밀었다. 여자는 길에서 어디에다 대고 서명하냐고 하면서 나에게 쏘아붙였다. 내가 옆 건물의 대리

석 벽을 가리키며 저기에 대고 해 달라고 했다. 여자는 앞의 두 번과는 달리 귀찮다는 티를 팍팍 내면서 휘갈기듯이 서명해 주었다.

나는 여자를 이해할 수가 없었다. 처음 만났을 때부터 모든 일이 여자가 원하는 대로 다 흘러온 것 같은데, 마지막으로 각서에 서명 한 번 하는 일이 그렇게 짜증까지 낼 일인지 알 수가 없었다. 게다가 여자는 콩이를 잘 부탁한다는 말을 끝까지 하지 않았다. 그런 여자를 보면서 나는 이 일이 왠지 깔끔하게 마무리되지 않고 덧날 것 같다는 느낌이 들었다.

그렇다고 내가 그 자리에서 더 할 수 있는 일은 없었다. 일단 각서만 돌려받은 후 여자에게 앞으로 내가 콩이의 생일을 챙기고 싶다고 했다. 언제인지 알려 달라고 했다. 여자는 분명히 콩이의 생일을 알고 있는 눈치였다. 그런데 모른다고 대답했다. 어쨌든 이번에도 여자가 모른다고 하는데 내가 어찌할 도리는 없었다. 찝찝한 상태에서 일을 마무리할 수밖에 없었다.

그때까지 콩이는 내 옆에서 얌전히 기다리고 있었다. 내가 콩이를 보며 여자에게 가서 인사하라고 했다. 콩이가 여자에게 다가갔다. 여자는 콩이를 쓰다듬으며 잘 가라고 했다. 그런데 이후 콩이의 반응이 신기했다. 여자가 몇 번 쓰다듬지도 않았는데, 자기는 인사를 다 했다는 듯이 몸을 빼더니 혼자 우리 집 방향으로 먼저 출발했다. 나도 그 자리가 불편한 참이었는데 콩이가 그렇게 해 준 덕분에 빨리 빠져나올 수 있었다. 여자에게 눈인사만 한 뒤 급하게 콩이를 따라 출발했다.

  콩이를 따라가면서 갑자기 이상한 생각이 들었다. 혹시라도 콩이가 여자를 뒤돌아보면 둘 사이에 끼지 말고 콩이를 여자에게 돌려보내야겠다 싶었다. 그런데 그날 콩이는 한참 떨어진 길모퉁이를 돌아 여자가 완전히 안 보일 때까지 한 번도 뒤를 돌아보지 않았다.

8.
가족이 되다

그날 저녁에 바로 동물 병원으로 갔다. 수의사에게 앞으로 내가 콩이를 키우기로 했다고 알렸다. 강아지 기본 예방 접종을 전부 해 달라고 했다. 수의사는 우선 항체 검사를 하겠다고 했다. 콩이 몸에 항체가 있다면 그 질병에 대해서는 예방 접종을 할 필요가 없다고 했다. 검사 결과 콩이는 기본 예방 접종을 전부 해야 하는 상태였다. 수의사는 가을에 국가에서 일부 예방 접종의 비용을 지원하는데 그때 하면 조금 저렴하게 할 수 있다고 했다. 그때 예방 접종을 시작하자고 했다. 나는 알겠다고 했다.

수의사에게 콩이의 인식 칩에 저장되어 있는 보호자 연락처도 변경해 달라고 했다. 수의사는, 동물 병원에서는 인식 칩에 저장되어 있는 내용을 확인만 할 수 있고 변경은 못 한다고 했다. 그 작업은 구청에 가야 할 수 있다고 했다.

며칠 후 나는 남자 친구와 함께 콩이를 데리고 구청으로 갔다. 여자가 서명한 각서를 보여주면서 보호자 연락처를 변경해 달라고 했다. 구청 컴퓨터로 콩이의 인식 칩에 접근하자 저장되어 있던 온갖 내용이 다 열렸다. 여자가 콩이를 잃어버렸을 때 구청에서 구조해서 돌려준 내역이 상세히 기록되어 있었다. 내용을 확인한 후 보호자 연락처를 변경했다.

뜻밖의 소득도 있었다. 인식 칩에는 콩이의 생일도 기록되어 있었다. 내가 처음 콩이의 나이를 물었던 시점에 여자가 2년 6개월이라고 했는데, 그렇게 계산했을 때 딱 맞아떨어지는 달에 콩이의 생일이 있었다. 나는 콩이의 생일을 알게 되어 기뻐하면서 새로 발급된 강아지 등록증을 받아 집으로 왔다.

또 며칠이 지났다. 콩이를 데리고 외할머니를 만나러 갔다. 외할머니는 콩이를 보자마자 "복돌아!"라고 하면서 먼저 손을 내밀었다. 나는 눈물이 핑 돌았다. 외할머니는 치매를 약간 앓고 있었다. 외할머니가 복돌이를 기억하고 있을 줄은 몰랐다. 게다가 외할머니는 원래 강아지를 많이 무서워했다. 복돌이에게 곁을 줄 때까지도 오랜 시간이 걸렸었다. 그런 외할머니가 처음 본 콩이에게 아무렇지 않게 손을 내밀었다. 외할머니의 눈에 콩이가 복돌이로 보이는 것 같았다. 나는 외할머니에게 얘는 복돌이가 아니고 콩이라고 했다. 외할머니는 내가 그러든지 말든지 줄곧 콩이를 복돌이라고 불렀다.

내가 왔다는 소식을 듣고 가족처럼 지내는 이웃 할머니도 나를 보러 왔다. 할머니는 콩이를 보자마자 표정이 굳었다. 내가 복돌이를 잊지 못해서 복돌이와 비슷한 강아지를 찾으려고 전국 방방곡곡을 헤매고 다녔다고 생각하는 눈치였다. 내가 콩이를 구조한 일부터 시작해서 그때까지 있었던 일을 쭉 이야기하자, 할머니는 한시름 놓는 것 같았다.

할머니는 콩이를 뚫어지게 보면서 "근데 어떻게 완전 복돌이냐?"라고 했다. 내가 시치미를 떼고 복돌이랑 콩이는 종도 다르고 성별도 다른데 얘가 어떻게 복돌이냐고 했다. 할머니는 그런 게 다 무슨 상관이냐고 하면서 사람이 느낌이 있지 않냐고 했다. 그제야 나도 할머니에게 맞장구를 쳤다. 콩이를 처음 봤을 때 나도 놀라 자빠질 뻔했다고 했다. 할머니는 콩이에게 "복돌이가 엄마 보고 싶어서 왔구나."라고 했다. 콩이는 우리에게 새로 들어온 가족이 아니라 살아 돌아온 가족이었다.

그런데 사실 나는 복돌이가 왜 환생까지 해서 나에게 다시 왔는지 이해할 수가 없었다. 나는 복돌이가 7년 반밖에 살지 못하고 아파서 죽은 것이 보호자로서 내 능력이 부족했기 때문이라고 생각하고 있었다. 그래서 복돌이가 죽은 후 복돌이를 다시 내게 보내 달라고 기도한 적이 단 한 번도 없었다. 복돌이가 어디에 있든 몸 건강하고 마음 편안하게 지낼 수 있게 도와 달라고 기도했었다. 그런데 이상하게도 복돌이가 나한테 다시 온 것이었다.

바라고 또 바라도 받기 힘든 이런 복을 어떻게 해서 기대도 안

하고 있던 내가 받게 되었는지 의아했다. 내 나름대로 복돌이가 나에게 다시 오게 된 이유를 생각해 보았다. 아무래도 내가 내 공덕에 비해 너무 과한 기도를 한 것 같았다. 누군가를 몸 건강하고 마음 편안하게 살게 해 준다는 게 엄청나게 많은 공덕이 필요한 일이라는 생각이 뒤늦게 들었다. 그런데 아무것도 모르는 내가 너무 간절히 기도하니까 신들이 모른 척하기도 힘들었던 것 같았다. 할 수 없이 신들이 나에게 기도만 하지 말고 부족한 공덕은 직접 거들어서 채우라고 기회를 주신 게 아닐까 싶었다. 그렇다면 이번에는 진짜로 내가 복돌이를 몸 건강하고 마음 편안하도록 돌봐야 한다는 생각이 들었다. 그렇지 않으면 신들도 내 기도의 진정성을 믿기 힘들 것 같았다.

콩이가 복돌이의 환생이 아닐 수도 있었다. 만에 하나 콩이가 복돌이의 환생이 아니라 하더라도 복돌이와 똑같은 기운을 가진 콩이가 내게 온 것은 분명히 복돌이와 관계가 있을 것 같았다. 내가 복돌이를 돌보듯 콩이를 돌본다면 그 공덕으로 복돌이도 어딘가에서 몸 건강하고 마음 편안하게 지낼 수 있을 것이라는 생각이 들었다.

9.
변덕은 어디까지?

어느덧 시간이 흘러 완연한 가을에 접어들 무렵이었다. 콩이를 정식으로 입양한 후 세 달 정도 지났을 때였다. 한 번도 연락이 없던 여자에게서 문자가 왔다. 콩이가 잘 지내냐는 내용이었다. 나는 문자를 보자 순간적으로 울컥했다. 콩이가 얼마나 보고 싶었을까 싶었다. 부랴부랴 그동안 찍어 놓은 콩이 사진을 뒤졌다. 그 당시에 콩이는 많이 안정되어 있었다. 콩이의 자세, 표정, 눈빛이 전부 그것을 입증해 주고 있었다. 나는 잘 나온 사진을 두 장 골라 여자에게 보내 주면서 콩이가 잘 지내고 있다고 답장했다. 여자는 내 문자에 콩이가 보고 싶다고 답장했다. 나는 그렇게 문자가 끝날 줄 알았다.

다음 날이었다. 여자에게서 또 문자가 왔다. 앞뒤 내용도 없이 다짜고짜 콩이를 데려가고 싶다고 했다. 바로 데려가겠다는 것도 아니었다. 다음 해 1월에 데리러 오겠다고 했다. 나는 그런 통보 문자에 하도 어이가 없어서 만 하루를 아무 일도 할 수가 없었다. 이게 무슨 일인지를 생각만 하고 있었다.

어차피 나는 몸이 아파서 강아지를 키울 입장도 못 되었다. 물론 내가 콩이에게서 정을 떼기는 어렵겠지만, 그런 관점에서 보자면 콩이와 함께 산 기간이 나보다 훨씬 더 긴 그 여자가 콩이에게서 정을 떼기가 더 어려울 것이었다. 여자가 콩이를 사랑으로 돌봐 주기만 한다면 얼마든지 콩이를 돌려보낼 수 있었다.

그런데 여자의 문자를 받고 나는 여자가 콩이를 사랑하는 게 맞는지 처음으로 의심이 들었다. 그때까지는 뭔가 이상하다는 느낌만 여러 번 받았지, 여자가 콩이를 사랑하지 않을 수도 있다는 생각까지는 못 하고 있었다. 그런데 그날 여자의 문자를 받고 하도 어이가 없어서 그 부분에 대해 곰곰이 생각해 보았다. 여자가 콩이를 정말 사랑한다면, 사진에서 안정된 콩이의 모습을 보았을 때 콩이를 데려가겠다는 말보다 아픈 몸으로 콩이를 그렇게까지 잘 돌봐 준 나에게 고맙다는 말이 먼저 나와야 했다. 그리고 여자가 콩이를 정말 사랑한다면, 자신이 콩이 양육을 포기한 후 그동안 얼마나 후회했는지에 대한 이야기도 해야 했다. 또 여자가 콩이를 정말 사랑한다면, 콩이를 여러 번 잃어버렸던 것에 대해 반성하고 있으며 다시는 그런 일이 발생하지 않도록 노력할 거라는 이야기도 해야 했다. 그런데 여자는 그 어떤 이야기도 없이 밑도 끝도 없이 콩이를 데려가겠다고만 했다.

　나는 여자가 왜 이제 와서 콩이를 데려가고 싶어 하는지 이유를 알 수 없었다. 하지만 알고 싶지도 않았다. 그날 여자의 문자로 인해 여자가 콩이를 사랑하지 않는다는 것 한 가지는 확실해졌다. 콩이를 사랑하지도 않으면서 콩이를 욕심내는 사람과 여러 말 하고 싶지 않았다.

　생각이 명확해지자 나는 답장을 보냈다. 콩이를 사랑하지 않는 사람에게 콩이를 보낼 수 없다고 했다. 그리고 다시는 연락을 주고받고 싶지 않다고 했다.

　그때부터 여자의 태도가 완전히 돌변했다. 여자는 줄곧 나를 언니라고 부르면서 존댓말을 썼었다. 그런데 그때부터 반말을 하면서 막말까지 했다. 콩이와는 아무 관계도 없는 내용이었다. 그저 내 화를 돋우어서 나와 싸우고 싶은 것 같았다. 내가 문자에 답장하지 않자, 여자는 바로 나에게 전화를 했다. 나는 전화도 받지 않았다.

　다음 날 아침에 일어나서 전화를 확인해 보니까, 여자가 밤늦도록 나에게 여러 번 전화한 기록이 남아 있었다. 나는 평소에도 전화를 무음 상태로 설정해 놓기 때문에 그날도 당연히 전화벨은 울리지 않았다. 하지만 그마저도 여자에게 신경 쓰고 싶지 않았다. 여자의 번호에 대해 아예 수신 차단 설정을 해 버렸다.

　그날 밤부터 이상한 일이 벌어졌다. 다음 날 아침에 전화를 확인해 보면, 전날 밤에 모르는 번호에서 전화가 걸려 와 있었다.

나는 몸이 아픈 이후로 초저녁에 잠자리에 들었다. 그렇게 한 지 오래되었기 때문에 내 주변 사람들 중에는 밤에 나한테 전화하는 사람이 없었다. 스팸 전화도 그렇게 늦은 시간에는 오지 않는다. 나는 여자가 전화기를 바꿔서 전화하는 거라고 생각했다. 아침에 일어나서 전날 밤에 걸려 온 부재중 전화를 확인한 후 바로 전화를 하지 않고 일단 문자를 보냈다. 모르는 번호에서 전화가 와 있는데 누구냐고 물었다. 답장이 없었다. 다음 날이 되면 전날과는 또 다른 모르는 번호에서 전화가 와 있었다. 꼭 밤에, 그것도 거의 같은 시간대에 전화가 와 있었다. 나는 끝내 전화를 받지도 하지도 않았다. 매번 아침에 일어나서 전날 밤에 걸려 온 부재중 전화를 확인한 후 모르는 번호에서 전화가 와 있는데 누구냐고 하면서 똑같은 문자만 보냈다. 답장은 한 번도 오지 않았다.

10.
만일에 대비하다

밤마다 이상한 전화가 계속 오자, 가만히 앉아서 지켜보고만 있어서는 안 되겠다는 생각이 들었다. 여자가 서명한 각서 세 장을 찾았다. 각서를 꺼내서 사용하게 될 줄 모르고 깊은 곳에 넣어 두었기 때문에 한참 찾아야 했다. 각서를 제대로 작성한 게 맞는지, 각서가 법적으로 효력이 있을지 확인할 필요가 있었다. 구청에 연락해서 무료 법률 상담 서비스를 신청했다. 구청에서 곧바로 약속 날짜를 잡아 주었다.

남자 친구와 콩이와 함께 구청으로 갔다. 자원봉사를 나온 법무사가 내가 제출한 각서들을 살펴보았다. 법무사는 법률적으로 다툼이 생기더라도 내가 가진 각서가 법적 효력을 갖는다고 했다. 여자가 각서의 효력을 무력화하기 위해서는 고문이나 감금과 같은 특수한 상황에서 자신의 의사에 반해 서명했음을 입증해야 한다고 했다. 그런데 각서가 일정 기간을 두고 세 장이나 있기 때문에 그것을 입증하기가 거의 불가능할 것이라고 했다.

다음으로 동물 병원으로 갔다. 콩이 양육권을 두고 법정에서 여자와 공방을 벌이게 되었을 때, 여자가 평소 콩이를 잘 챙기지 않았었다는 사실과 내가 콩이를 여자에게서 강제로 빼앗지 않았다는 사실을 증언해 줄 사람이 필요했다. 수의사에게 여자가 이제 와서 콩이를 돌려 달라고 한다고 전했다. 내가 안 된다고 했더니 나한테 반말에 막말까지 하더라고 했다. 나한테 하는 행동을 보아 이상한 사람 같아서 더더욱 콩이를 돌려줄 수가 없다고 했다. 콩이를 지키기 위해 법원에 가야 할 수도 있을 거라고 했다.

수의사는 의외의 반응을 보였다. 아무 일도 아니라는 표정을 하고서는 동물 병원을 하면서 그런 사람을 여럿 봤다고 했다. 여자가 콩이를 데려가기는커녕 보러 오지도 않을 거라고 했다. 정말 콩이를 보고 싶었다면 엎어지면 코 닿을 거리에 콩이가 있는데 전화만 붙잡고 있었겠냐고 물었다. 여자는 화풀이 대상이 필요했을 뿐이라고 했다. 수의사 본인도 그런 보호자들의 화풀이 대상이 된 적이 몇 번 있었다고 했다. 그런 사람들은 학대의 흔적이 보이는 고양이를 데리고 와서 치료해 달라고 해 놓고는 찾으러 오지도 않다가 몇 달이나 지나서 느닷없이 전화해서는 고양이를 내어놓으라고 하면서 수의사한테 협박까지 하더라고 했다. 하지만 그들 중에서 실제로 동물 병원에 나타난 사람은 한 명도 없었다고 했다. 그 여자가 나에게 말도 안 되는 화를 냈다고 생각한다면, 콩이가 그 집에 살 때 콩이한테는 어떻게 했겠는지 생각해 보라고 했다. 수의사의 말을 듣고 생각해 보니까 속상해서 눈물이 날 것 같았다. 정신을 더욱 바짝 차리고 콩이를 지켜야겠다는 생각이 들었다.

집으로 돌아오는 길에 슈퍼에 들렀다. 사람들에게 여자가 콩이를 돌려 달라고 한다는 이야기부터 법무사와 수의사에게 들은 이야기까지 전부 했다. 사람들은 분개했다. 무슨 이런 일이 있냐고 하면서 입을 모아 콩이를 그 여자에게 뺏기면 절대 안 된다고 했다.

나는 수의사의 말을 듣고도 안심이 되지 않았다. 당장이라도 여자가 콩이를 뺏으러 올 것 같았다. 그래서 같은 건물에 사는 건물주 아저씨에게도 미리 양해를 구했다. 여자가 콩이를 돌려 달라고 한다는 이야기와 법무사와 수의사에게 들은 이야기를 전했다. 여자가 우리 집에 찾아오면 경찰에 신고해서라도 콩이를 지킬 거라고 했다. 소란스럽더라도 조금만 양해해 달라고 했다.

건물주 아저씨는 평소에 고양이나 강아지를 많이 이뻐하지 않았다. 내가 처음에는 1주일만, 다음에는 한 달만 돌봐 주기로 했다면서 콩이를 돌보다가 계속 돌보게 되었기 때문에 어영부영 넘어간 것이었다. 만약 여자가 나타나서 콩이를 돌려 달라고 소란을 피우는 와중에 건물주 아저씨까지 쫓아와서 나에게 소란을 피울 거면 강아지를 키우지 말라고 하면 내 입장이 곤란해질 것 같았다. 혹시라도 내가 콩이를 키우는 것에 대해 아저씨가 속으로 못마땅하게 여기고 있다면 미리 확인하고 대책을 세우는 게 좋을 것 같아 마음먹고 말을 꺼냈다.

아저씨의 반응이 의외였다. 아저씨는 내 이야기를 듣더니 그 여자에 대해 화를 냈다. 삼복더위에 강아지를 생판 모르는 남한테 맡겨 놓고 얼굴 한번 안 비추더니 이제 와서 무슨 염치로 돌려달라고 하냐고 했다. 그런 뻔뻔한 사람은 경찰이 오기 전에 아저씨가 먼저 우리 건물에서 내쫓을 거라고 했다. 나에게 걱정하지 말라고 했다. 나는 아저씨의 따뜻한 말을 들으니까 눈물이 날 것 같았다.

11.
운명을 깨닫다

    그로부터 한 달쯤 지났을 때였다. 나는 많이 지친 상태였다. 몸이 안 좋은 상태에서 콩이를 돌보느라 힘이 들었는데, 여자의 변덕에까지 대응하려다 보니 몸 상태가 더 안 좋아져 있었다.
    남자 친구가 나 대신 콩이에게 오후 산책을 시켜 주겠다고 했다. 나는 그러라고 하고 집에서 컴퓨터 작업을 하고 있었다. 평소에 나는 핸드폰을 무음으로 설정해 놓고 뒤집어 놓고 있기 때문에 전화가 올 때 바로 받는 일이 거의 없다. 그런데 그날은 어떻게 된 일인지 핸드폰 화면이 위로 올라와 있었다. 갑자기 핸드폰 화면이 밝아져서 보니까 전화가 오고 있었다. 남자 친구였다. 순간적으로 안 좋은 예감이 들었다. 전화를 받으니, 남자 친구가 다급한 목소리로 공원에서 콩이를 잃어버렸다고 했다. 공원 주변을

다 찾아봤는데 못 찾겠다고 했다.

  그 말을 듣자마자 나는 겉옷도 입지 않고 핸드폰만 들고 밖으로 뛰어나갔다. 콩이가 전에 살던 집 주변부터 찾아봐야겠다고 생각했다. 공원이 우리 집과 그 집의 중간에 있는데, 콩이가 우리 집에 산 기간보다 그 집에 산 기간이 훨씬 기니까 그 방향이 더 익숙할 거라는 생각이 들었다. 콩이가 그 집 주변에서 헤매다가 여자한테 발견되면, 그동안 내가 해 온 모든 일들이 뒤죽박죽될 것이었다. 어떻게든 여자보다 내가 먼저 콩이를 찾아야 했다. 이 모든 생각이 5초도 안 되는 순간에 내 머릿속을 스쳐 지나갔다.

  나는 신발도 신는 둥 마는 둥 한 채로 계단을 뛰어 내려갔다. 그런데 뛰어 내려가면서 보니까 건물 전체 출입문인 유리문 아래쪽에서 뭔가가 아른거렸다. 콩이였다. 집에 들어오고 싶은데 유리문이 닫혀 있으니까 유리문 앞에서 왔다 갔다 하고 있었다. 그러다가 계단에 있는 나를 보니 너무나도 반가운 표정으로 꼬리를 힘차게 흔들었다. 내가 유리문을 여니까, 재빨리 달려와서 내 품에 안겼다.

  그런 콩이를 보자 콩이가 온몸으로 나에게 이렇게 말해 주는 것처럼 느껴졌다. "내 선택은 너야. 아무 걱정하지 마." 그때 내 마음을 짓누르고 있던 무거운 뭔가가 말끔히 사라지는 느낌이 들었다. 그제야 내 마음이 가벼워지는 걸 보고 나는 깨달았다. 그동안 나는 그 여자 때문에 내가 힘들다고 생각하고 있었는데, 나를 힘들게 하는 근본적인 원인은 따로 있었다. 혹시라도 콩이가 그 여자에게 돌아가고 싶은 건 아닐까, 하는 자신감 없는 내 마음이었다. 콩이가 아무리 복돌이의 환생이라 하더라도 이번 생에는 내가 아닌 다른 사람과 살아 보고 싶을 수도 있었다. 나는 콩이의 선택에 확신이 없었다. 그런 나를 위해 콩이가 목숨을 걸고 한 번 더 자기 마음을 나에게 확인시켜 준 것처럼 느껴졌다.

콩이로 인해 큰 감동을 받았지만, 한편으로는 콩이에게 미안한 마음이 들었다. 처음 만났을 때부터 콩이는 나에게 자기 마음을 확실하게, 그것도 여러 번 보여주었었다. 콩이의 선택은 언제나 나였다. 처음부터 내가 콩이의 선택을 믿었더라면, 콩이가 목숨까지 걸고 자기 마음을 나에게 한 번 더 확인시켜 줄 필요가 없었다. 콩이의 선택을 믿지 못하고 쓸데없이 불안해했던 내 자신이 부끄러웠고 콩이에게 미안했다. 그 자리에서 나는 다시는 콩이의 선택에 의문을 품지 않을 거라고 다짐했다.

공원에서 우리 집까지 오는 길은 차도와 인도가 구분되어 있지 않고 밤낮없이 오토바이와 차가 붐빈다. 나는 콩이가 다친 데는 없는지 샅샅이 살펴보았다. 다행히 아무 문제도 없었다. 바로 남자 친구에게 전화해서 알렸다. 남자 친구가 달려왔다.

남자 친구는 아무래도 콩이가 정신 줄을 놓아 버리는 병이 도진 것 같다고 했다.(이 증상에 대한 이야기는 'Ⅱ. 극복 이야기'에 자세히 나온다.) 그 말에 나는 콩이가 정신 줄을 놓아 버린 상태였으면 그렇게 짧은 시간에 우리 집을 찾을 수 있었겠냐고 물었다. 남자 친구는 잠자코 내 말을 듣고 있었다. 나는 콩이 덕분에 내 마음이 홀

가분해졌다고 했다. 이제야 그동안 내 마음이 왜 그렇게 무거웠었는지를 알았다고 했다. 콩이가 그 여자에게 돌아가고 싶을지도 모른다는 생각에 혼자 많이 힘들었던 것 같다고 했다. 콩이가 내 마음을 나보다 먼저 알아차리고 자기 마음을 나에게 확실히 보여주어야겠다고 이미 오래전에 마음먹었던 것 같다고 했다. 이후 내내 기회를 엿보고 있었을 거라고 했다. 남자 친구는 내 말을 전부 이해하지는 못하는 것 같았다. 그저 콩이를 직접 살펴보더니 이번에는 콩이의 눈동자가 풀려 있지 않다고 했다. 정신 줄을 놓은 건 아닌 것 같다고 했다.

그날 이후 나는 콩이와 나의 운명을 확실히 믿게 되었다. 콩이가 복돌이의 환생일 수도 아닐 수도 있었다. 하지만 그날부터 그런 건 나한테 중요하지 않았다. 콩이는 콩이대로 나를 만나 내 강아지로 살아갈 운명이었다는 느낌이 들었다.

그 정도로 콩이와 나의 운명에 확신이 생기자, 이상하게도 그 여자를 떠올렸을 때 더 이상 기분 나쁜 느낌이 들지 않았다. 오히려 그 여자에게 고맙다는 느낌이 들었다. 내 마음에 왜 이런 변화가 생겼는지 곰곰이 생각해 봤다. 그동안은 내가 그 여자에게 호의를 베풀었다고 생각하고 있었다. 그래서 그 여자가 나에게 고마워하기는커녕 끝없이 내 입장은 무시하고 자기 입장만 내세우는 태도를 보이자, 기분이 나빴다. 그런데 콩이가 처음부터 내 강아지가 될 운명이었다는 확신이 드니까 생각이 완전히 바뀌었다. 나와 콩이에게 주어진 운명의 시간이 시작되기 전까지 오히려 그 여자가 내 강아지를 대신 맡아 주고 있었다는 생각이 들었다. 그동안 콩이가 죽지 않고 살아 있을 수 있도록 콩이를 데리고 있어 준 것만으로도 그 여자에게 감사한 마음이 들었다.

그렇다고 해서 그 여자가 나에게 함부로 행동하는 것과 콩이를 사랑하지도 않으면서 데리고 가려는 것을 방관하겠다는 뜻은 아니었다. 나는 만반의 준비를 마치고 여자의 다음 행동을 기다렸다. 그런데 여자는 줄곧 전화만 하다가 혼자 지쳐 떨어진 모양이었다. 콩이를 뺏으러 오기는커녕 다시는 아무 연락도 없었다.

극복 이야기

1.
분리 불안(기초 훈련)

　콩이는 우리 집에 처음 왔을 때부터 분리 불안이 매우 심했다. 나와 잠깐만 떨어져도 공포감에 사로잡혀서 정신을 반쯤 잃고 눈동자까지 풀려 버렸다. 혼자 있을 때 도대체 무슨 일을 겪었기에 그 정도로 공포감을 느끼게 되었는지, 그런 콩이를 보면 마음이 아팠다. 콩이도 걱정 되었지만, 혹시라도 내가 없을 때 콩이가 불안한 마음에 큰 소리를 내면 우리 집 주변에 사는 사람들이 불편을 겪을 테니까 그것도 염려되었다. 우리 건물에 사는 사람들에게 내가 집에 없을 때 콩이가 낑낑거리거나 짖지는 않는지 물어보았다. 사람들은 콩이가 소리를 내는 걸 들어 본 적이 없다고 했다. 그 말을 들으니까 나는 마음이 더 아팠다. 그 말은 콩이가 공포감이 극에 달해서 정신이 나갈 때까지 소리 한번 안 내고 그 공포감을 혼자 참고 견딘다는 뜻이었다. 어떻게든 빨리 콩이가 분리 불안에서 벗어나게 해 주고 싶었다.

분리 불안을 없애는 훈련 방법을 웬만큼 알고 있었지만, 막상 실전에 적용하려고 하니 쉽지 않았다. 강아지 훈련사들의 영상을 좀 더 찾아봤다. 훈련사들은 처음부터 보호자가 집 밖으로 나가는 식으로 훈련하면 강아지를 놀라게만 하고 훈련 효과는 적을 수 있다고 했다. 처음에는 집 안에서 보호자와 강아지의 거리를 넓혀가는 훈련부터 하는 게 좋다고 했다. 좋은 방법인 것 같았다. 콩이를 한쪽 방에서 기다리게 한 뒤 내가 거실이나 다른 방으로 이동하는 식으로 훈련을 시작했다.

콩이는 그 훈련을 낯설어했다. 평소에는 내가 집 안에서 이리저리 돌아다녀도 별로 긴장하는 기색이 없었다. 그런데 내가 훈련을 위해 콩이를 불러서 기다리라고 한 뒤 멀어지자, 뭔가 안 좋은 일이 생겼다고 느꼈는지 눈이 휘둥그레져서는 나를 따라다녔다. 콩이를 떼어 놓을 수가 없었다.

아무래도 '기다려' 훈련을 먼저 해야 할 것 같았다. 일단 콩이에게 '앉아'를 시켜 보았다. 콩이는 처음부터 '앉아'를 곧잘 했다. 그런데 '앉아' 자세에서는 '기다려'가 잘 안되었다. '앉아' 자세는 언제든지 벌떡 일어나서 돌아다니기에 좋은 자세였다. '기다려'를 가르치려면 먼저 '엎드려'를 가르쳐야 할 것 같았다.

'엎드려' 훈련은 너무 어려웠다. 강아지 훈련사들의 영상을 여러 개 찾아보면서 다양한 방법을 시도해 봤지만, 콩이에게 통하는 방법은 없었다. 콩이는 입이 짧아서 간식으로 유도하는 훈련 방법은 무조건 안 통했다. 콩이가 엎드리는 행동을 하면 내가 그 행동에다가 '엎드려' 명령어를 입힐 수 있을 것 같은데, 평소에 콩이는 엎드리는 행동을 아예 하지 않았다. 서 있거나 앉아 있거나 누워 있었다.

아무리 해도 안 되니까 나는 답답해서 남자 친구에게 하소연했다. 엎드리는 자세가 앉는 자세보다 강아지 관절에 좋다고 들어서 그 이유 때문에라도 더 가르쳐주고 싶은데 안 된다고 했다.

보다 못한 남자 친구가 나섰다. 콩이 옆에 앉더니 자기에게 "엎드려"라고 해 보라고 했다. 내가 남자 친구에게 "엎드려"라고 하자 남자 친구가 '엎드려' 자세를 콩이에게 보여주었다. 콩이는 앉아서 그 모습을 보고 있었다. 남자 친구는 다시 '앉아' 자세를 하더니 나한테 다시 "엎드려"라고 해 보라고 했다. 내가 또 하자 남자 친구가 다시 '엎드려' 자세를 콩이에게 보여주었다. 우리는 그 과정을 몇 번 반복했다. 콩이는 우리가 하는 행동을 잠시 보다가 재미가 없어졌는지 일어나서 다른 데로 가 버렸다. 남자 친구는 한 번에 되겠냐고 하면서 앞으로 틈날 때마다 해 보자고 했다. 남자 친구의 말대로 이후로도 계속 해 봤지만, 콩이는 끝내 관심을 보이지 않았다.

얼마 뒤 남자 친구는 결국 완력을 사용했다. 콩이를 뒤에서 감싼 후 자기 양팔로 콩이의 두 앞발을 붙잡고 콩이 등을 자기 가슴으로 누르면서 팔을 앞으로 쭉 뻗었다. 콩이는 겁이 났는지 빠져나가려고 발버둥쳤다. 그래도 힘에서 워낙 차이가 나니까 빠져나가지 못하고 엎드리게 되었다. 그 작업도 틈날 때마다 반복했다.

그 방법은 효과가 있었다. 얼마 안 지났는데 콩이는 엎드리는 자세가 앉는 자세보다 편하다는 걸 알았는지 지나가다 보면 혼자서도 자주 엎드려 있었다. 또 내가 '앉아'만 시켜도 잠시 앉아 있다가 곧 엎드렸다. 나는 콩이가 앉아 있다가 엎드리는 순간을 놓치지 않고 얼른 "엎드려"라고 외쳤다. 마치 콩이가 엎드리고 싶어서 엎드린 게 아니라 내가 "엎드려"라고 해서 엎드린 것처럼 했다. 그 과정을 몇 번 반복했더니, 콩이는 '엎드려'를 알아듣게 되었다. 내가 "앉아"라고 말하면 앉고, 이어서 "엎드려"라고 말하면 바로 엎드렸다.

콩이가 힘들게 배운 '엎드려'를 까먹을까 봐 초반에는 매일 연습했다. 어느 날 내가 콩이를 데리고 '앉아-엎드려' 연습을 하고 있었다. 남자 친구가 나에게 다가오더니 콩이가 '앉아'와 '엎드려'를 구분하지 못하는 걸 아느냐고 물었다. 나는 펄쩍 뛰면서 이렇게 잘하는데 무슨 소리냐고 했다. 남자 친구가 자기가 해 볼 테니까 보라고 했다. 남자 친구는 나처럼 "앉아-엎드려-앉아-엎드려" 이런 순서로 하지 않고 순서를 바꿔서 "앉아-엎드려-엎드려-앉아" 이렇게 했다. 콩이는 남자 친구의 말과 상관없이 무조건 앉은 다음엔 엎드리고, 엎드린 다음엔 앉았다. 그러다 보니까 남자 친구의 말과 콩이의 동작이 따로 놀았다.

믿을 수가 없었다. 이번에는 내가 "앉아-엎드려-엎드려-엎드려" 이렇게 해 봤다. 이번에도 콩이는 내 말과 상관없이 신나게 '앉아-엎드려-앉아-엎드려' 순서로 했다. 내가 하도 어이가 없어서 말문을 잃고 콩이를 쳐다보자, 콩이는 뭔가 잘못되었다고 생각하는 것 같았다. '이건가?' 하는 표정을 짓더니 혼자 조심스럽게 몸을 일으켜서 '앉아'를 했다. 나는 너무 어이가 없었다. 그동안 콩이는 '앉아-엎드려'를 훈련이 아니라 재미있는 놀이라고 인식하고 있었던 것 같았다. 기분이 나쁘진 않았지만 황당하긴 했다. 가만히 앉아서 나만 바라보고 있는 콩이를 보니 헛웃음밖에 안 나왔다. 그냥 "야!"라고 했다. 그러자 콩이가 "그치? 아무래도 이게 낫겠지?" 하는 표정을 짓더니 얼른 '엎드려'를 했다. 나와 남자 친구는 그런 콩이의 모습이 너무 귀여워서 배꼽을 잡고 웃었다.

어쨌든 내가 최종적으로 콩이에게 가르치고 싶은 것은 '엎드려'가 아니라 '기다려'였다. 콩이가 '앉아' 다음에는 '엎드려'라는 걸 아니까 그걸로 충분했다. 콩이가 바로 '엎드려'를 알아들으면 좋겠지만, 못 알아들으면 '앉아' 다음에 '엎드려'를 시키면 되었다. 어쨌든 콩이가 '엎드려'를 할 수 있게 되었으니, 이제 '기다려'를 가르칠 준비가 된 것이었다.

워낙 잘 참고 견디는 성품이라서 그런지 콩이는 '기다려'를 너무 잘했다. 콩이가 엎드렸을 때 내가 콩이에게 내 손바닥을 보여주면서 "기다려"라고 말하면, 그 상태로 아주 잘 기다렸다.

콩이가 '기다려'를 워낙 잘해서 간식을 가지고 심화 훈련도 했다. 콩이가 입이 짧은 게 이때는 아주 큰 도움이 되었다. 엎드려 있는 콩이의 발 앞에 간식을 놓고 내 손바닥을 보여주면서 "기다려"라고 했다. 콩이는 간식에 관심이 별로 없었다. 간식을 먹지 않고 잘 기다렸다. 내가 간식을 가리키면서 먹으라고 몇 번을 말해야 간식을 먹었다.

그 상태에서 콩이와 나 사이에 간격을 넓히는 연습을 시작했다. 콩이의 발 앞에 간식을 놓고 기다리라고 한 뒤 조금씩 뒤로 물러섰다. 콩이는 간식을 보지 않고 멀어지는 나만 뚫어지게 보았다. 나를 따라오지는 않았다. 내가 다시 콩이에게 가서 먹으라고 해야 콩이가 간식을 먹었다. 나중에는 콩이의 발 앞에 간식을 놓고 다른 방까지 갔다가 콩이에게 가 봤다. 그때도 콩이는 간식을 먹지 않고 처음에 엎드렸던 그 자세로 나를 기다렸다.

시간이 지나면서 콩이는 굳이 '엎드려'를 하지 않아도 바로 '기다려'를 할 수 있게 되었다. 콩이가 서 있을 때도 내가 콩이에게 손바닥을 보여주면서 "기다려"라고 하면, 콩이는 그 자리에 선 상태로 꼼짝도 하지 않고 나를 기다렸다. 이 정도로 '기다려' 훈련이 완벽하게 되었을 때 분리 불안을 없애는 훈련을 본격적으로 시작했다.

2.
분리 불안(본격 훈련)

　내가 집 밖으로 나가더라도 콩이가 혼자 집 안에서 기다리는 훈련을 할 차례였다. 그런데 콩이는 눈치가 엄청나게 빨랐다. 내가 집 밖으로 나갈 것 같은 분위기만 살짝 느껴져도 벌써 불안해했다. 하품을 쉴 새 없이 하고 눈을 계속 깜빡거리면서 나를 놓치지 않으려고 바짝 따라붙었다. '기다려'가 전혀 통하지 않았다. 그동안 했던 모든 훈련이 마치 아무 소용 없게 된 것처럼 보였다.

　처음에 나는 멀리 가지 않고 현관문을 열고 나가자마자 바로 다시 들어왔다. 그런데 아무리 훈련을 반복해도 콩이는 내가 현관문을 열고 집 밖으로 나가는 행동을 받아들이지 못했다. 콩이가 무엇 때문에 내가 현관문을 열고 나가는 걸 못 받아들이는지 고민해 봤다. 집 안에서는 콩이를 한쪽 방에 두고 기다리라고 한 뒤 내가 방문을 닫고 나와서 다른 방에 가더라도 콩이가 많이 불안해하지 않았다. 그런데 내가 현관문만 열고 나가려고 하면 불안해했다. 방문과 현관문이 어떤 점에서 다른지 생각해 봤다. 현관문은 열릴 때 번호 키의 걸쇠가 벗겨지면서 "스르륵" 소리가 났다. 방문에서는 나지 않는 소리였다.

    신발을 신지도 않고, 현관문을 열지도 않고, 현관문 번호 키의 열림 버튼만 눌러 보았다. 번호 키의 걸쇠가 벗겨지면서 "스르륵" 소리가 나자, 콩이가 벌벌 떨면서 극도로 불안해했다. 몇 번만 더 하면, 정신을 놓을 것처럼 보였다. 나는 파블로프의 개가 떠올랐다. 밥을 주기 전에 방울 소리를 지속적으로 들려주었더니, 파블로프의 개가 방울 소리만 들어도 밥을 먹는 줄 알고 침을 흘렸던 것처럼, 콩이는 번호 키의 걸쇠가 벗겨지는 소리만 들어도 공포스러운 기억을 떠올리는 것 같았다.

    그때부터 나는 오며 가며 생각이 날 때마다 번호 키의 열림 버튼을 눌렀다. 콩이는 편안하게 있다가도 번호 키의 걸쇠가 벗겨지는 소리만 들리면 화들짝 놀라서 현관문 쪽으로 뛰어나와 한동안 어찌할 바를 몰라 했다. 나는 콩이가 싫어하는 소리를 계속 나게 해서 콩이를 괴롭히고 싶지 않았다. 하지만 번호 키가 열릴 때 나는 "스르륵" 소리와 공포스러운 기억의 연결 고리를 끊으려면 어쩔 수 없었다. 번호 키가 열리는 소리가 난 후에도 아무 일도 일어나지 않는다는 걸 콩이가 스스로 깨우쳐야 했다.

    한 달쯤 지났을 때였다. 번호 키의 열림 버튼이 고장났다. 버튼이 주저앉아 더 이상 눌러지지 않았다. 이후 나는 수동 조작 장치를 이용하여 번호 키를 열어야 했다. 정성이 통했는지 그즈음부터 콩이도 더 이상 번호 키의 걸쇠가 벗겨지는 소리에 반응하지 않았다. 번호 키의 걸쇠가 벗겨지는 소리는 무시해도 되는 소리라고 생각하는 것 같았다. 소리가 나면 현관문 쪽을 한 번 쓱 보고는 아무렇지 않게 자기가 하던 일을 했다. 그때쯤부터는 그 소리뿐만 아니라 다른 어떤 소리에도 예민하게 반응하지 않았다.

이후에는 내가 현관문을 열고 나가는 게 훨씬 수월해졌다. 처음에는 현관문을 열고 나가서 문만 닫았다가 바로 열고 들어왔다. 콩이가 적응한 이후에는 현관문을 열고 나간 뒤 문을 닫고 현관문 근처에서 기다리는 시간을 점차 늘려 갔다. 크게 힘들이지 않고 진도가 잘 나갔다. 콩이가 너무 잘해서 내가 멀리 가지 않고 현관문 근처에 있다는 것을 눈치챈 건 아닐까, 하는 생각이 들었다. 밖으로 나간 뒤 현관문에서 조금씩 멀어져 봤다. 건물 전체 출입문인 유리문을 열고 밖으로 나갔다가 다시 집으로 들어오기까지 해 봤다. 거기까지는 순조로웠다.

그런데 더 멀리 가려고 하면 집에서 입던 옷을 입고 나가기는 좀 그랬다. 훈련을 시작하기 전에 외출복으로 갈아입었다. 그러자 콩이의 분리 불안이 다시 시작되었다. 콩이는 내가 외출복으로 갈아입기만 해도 불안해했다. 강아지 훈련사들의 영상을 보니까, 그런 경우에는 집 안에서도 외출복을 입고 생활하다가 그 상태로 바로 밖으로 나가라고 했다. 나는 웬만하면 집 안팎의 경계는 지켜져야 한다고 생각하기 때문에 그 방법은 받아들이기가 힘들었다.

콩이가 예전에 비해 많이 안정된 상태였으므로 나는 그것만 믿고 콩이가 불안해하는 것을 무시하고 훈련을 강행했다. 다행히도 콩이는 내가 외출복을 입고 나가도 바로 돌아온다는 것을 비교적 빠른 시간에 알아차렸다. 그렇게 해서 내가 동네 슈퍼까지 갔다 와도 콩이가 혼자 잘 있는 상태까지 발전했다. 처음 훈련을 시작했을 때부터 그 정도로 안정되기까지 매일 10분 정도씩 연습해서 세 달 정도 걸렸다.

훈련하는 내내 콩이가 처음에 어떻게 해서 분리 불안에 걸리게 되었을지 생각해 보았다. 관심을 가지고 지켜보니까 우리 주변에는 강아지에게 공포감을 유발할 만한 요소가 너무 많았다. 그동안 무심코 지나쳤던 많은 일들이 혼자 있는 강아지에게는 공포감을 유발할 수 있었다. 불시에 찾아오는 사람들의 노크도 그렇고, 지나가는 앰뷸런스의 사이렌도 그렇고, 특히 비가 오는 날의 번개와 천둥도 그랬다.

이렇게 생각하게 된 계기가 있었다. 이제 콩이는 그런 일들에 크게 동요하지 않고 편안하게 있지만, 처음에는 달랐다. 그런 일들이 있을 때마다 내가 집 안에 같이 있는데도 놀라서 어찌할 바를 몰라 했다. 그걸 보면서 나는 그런 일들이 강아지가 무시하기 어려운 자극이라는 걸 깨달았다. 강아지가 혼자 있을 때 그런 일들에 반복적으로 노출되면 혼자 있는 것 자체에 공포감을 느낄 수 있을 것 같았다.

그래서 나는 콩이가 분리 불안에서 벗어난 이후에도 콩이를 집에 혼자 오래 두는 일은 되도록 하지 않았다. 혼자 두는 일이 있더라도 최대 세 시간을 넘기지 않았다.

그렇게 몇 년이 지났다. 콩이가 집에서 혼자 있을 때 어떻게 하고 있는지 궁금해졌다. 세 시간 정도 콩이가 집에 혼자 있어야 할 일이 생겨서 그 전에 거실에 카메라를 설치해 두고 영상을 녹화해 봤다.

집에 돌아와서 영상을 확인하다가 깜짝 놀랐다. 영상이 아니라 사진인 줄 알았다. 콩이가 거의 움직이질 않았다. 어찌 된 일인가 싶어 영상을 한참 돌려 보았다. 콩이는 내가 기다리라고 한 뒤 현관문을 닫고 나가자 한참 동안 움직이지 않고 그 상태로 가만히 서서 현관문을 바라보고 있었다. 시간이 어느 정도 지나도 내가 돌아오지 않자 그 자리에 살며시 앉았다. 또 한참 동안 움직이지 않았다. 그 상태로 가만히 현관문을 바라보고 있었다. 시간이 좀 더 지나자 콩이가 그 자리에 살며시 엎드렸다. 그 상태로 시간이 계속 흘러갔다.

영상 속 콩이에게서 공포감이라고는 찾아볼 수 없었다. 콩이는 평온한 상태에서 현관문을 바라보며 편안하게 나를 기다렸다. 콩이가 방에 들어가서 편하게 있거나 장난감을 가지고 놀거나 하면 더 좋겠지만, 나는 그렇게까지 콩이의 행동을 제약하고 싶지는 않았다. 콩이는 혼자 있는 게 불안해서 그렇게 하는 게 아니라 나를 생각하면서 기다리는 게 더 좋아서 그렇게 하는 것처럼 보였다.

이후에 한 번 더 콩이를 집에 혼자 두어야 할 일이 생겼다. 나가기 전에 강아지 방석을 현관문 앞에 옮겨 놓았다. 그리고는 한 번 더 영상을 녹화해 보았다. 내가 현관문을 열고 밖으로 나간 뒤 시간이 조금 지나자, 콩이가 알아서 그 방석 위로 올라갔다. 거기서 엎드렸다가 누웠다가 하면서 현관문을 쳐다보았다.

이제 콩이는 집 밖에 있을 때도 나와 잠시 분리되는 것에 대해 불안해하지 않는다. 한번은 공원에 놀러 갔다가 내가 화장실에 가면서 콩이에게 '기다려'를 시켜 보았다. 화장실에 갔다 오니까 남자 친구가 영상 하나를 보여주었다. 나를 기다리고 있는 콩이를 뒤에서 촬영한 영상이었다. 콩이는 내가 손바닥을 보여주며 "기다려"라고 하자 그 자리에 그대로 멈춰 서서 멀어져가는 내 뒷모습을 가만히 보고 있었다. 내가 화장실 문을 닫고 들어가자, 콩이의 시선은 화장실 문에 고정되었다. 시간이 길어지자, 콩이는 자기가 알아서 그 자리에 앉았다. 그 상태에서 내가 계속 안 나오니까 자기가 알아서 그 자리에 엎드렸다. 시선은 여전히 화장실 문에 고정되어 있었다. 내가 화장실 문을 열고 나오면서 콩이의 이름을 부르니까 콩이가 꼬리를 살랑살랑 흔들면서 나에게 다가왔다. 이렇게 해서 콩이는 혼자 있는 것에 대한 공포감에서 완벽하게 벗어났다.

3.
산책할 때 흥분하는 증상

처음 우리 집에 왔을 때 콩이는 산책만 나가면 꼬리를 완전히 아래로 내리고 걸었다. 꼬리털을 바닥에 질질 끌고 다녔다. 그 모습을 보면서 나는 꼬리를 들고 다니는 강아지도 있고 내리고 다니는 강아지도 있나 보다 생각했다. 콩이가 특별히 이유가 있어서 그러는 거라는 걸 전혀 몰랐다. 꼬리를 내리고 걷는 강아지를 키우게 된 게 그저 신기했다. 콩이가 꼬리를 올리고 걷게 될 거라고는 기대도 안 했다. 그런데 한 달 정도 꾸준히 산책을 시키자, 콩이 꼬리가 조금씩 올라가기 시작했다. 그 과정을 지켜보는 게 재미있었다. 그러다가 몇 달이 더 지나 어느 순간 보니까, 콩이가 다른 강아지들처럼 꼬리를 완전히 들어서 동그랗게 말고 다니고 있었다. 그제야 나는 콩이가 산책을 나가면 겁이 나서 꼬리를 내렸었다는 걸 알게 되었다.

  그런데 콩이는 겁만 많은 게 아니었다. 그 상태에서 흥분도 잘했다. 무엇 때문에 흥분하는지는 알 수 없었다. 다만 흥분하면 힘이 엄청나게 세졌다. 강아지 줄을 끌어당기면서 자기가 가고 싶은 데로 나를 끌고 다녔다. 한쪽으로 붙어서 가면 그나마 좋겠는데, 왼쪽으로 갔다가 오른쪽으로 갔다가 하기까지 했다. 콩이가 너무 빠른 속도로 왔다 갔다 하니까 내가 쫓아가기가 어려웠다. 지나가는 사람들과 동선이 계속 얽혔다. 자전거나 오토바이가 달려올 때는 너무 위험했다.

  한번은 콩이를 데리고 큰 호수가 있는 공원에 놀러 갔다. 아직 호수에 도착하기도 전인데 콩이가 흥분해서 난리가 아니었다. 나는 그 당시에 몸이 아파서 빨리 걸을 수도, 오래 걸을 수도 없는 상태였다. 더 걷기가 힘들어서 잠깐 쉬려고 벤치에 앉는데, 콩이는 계속 앞으로 가려고 했다. 결국 얼마 쉬지 못하고 일어나서 출발했다. 콩이는 그 어느 때보다 빠른 속도로 왼쪽으로 갔다가 오른쪽으로 갔다가 하면서 미친 듯이 돌아다녔다. 그러다가 흥분이 극에 달하니까 혓바닥을 내밀고 숨을 가쁘게 쉬면서 앞만 보고 빠른 속도로 직진했다. 내가 이름을 아무리 불러도 전혀 반응하지 않았다.

  그날 나는 정말 울고 싶었다. 그러던 중 얼떨결에 콩이의 눈을 보았다. 깜짝 놀랐다. 눈동자가 풀려 있었다. 흥분이 극에 달해 정신을 놓아 버린 것 같았다. 어떻게든 빨리 콩이의 흥분을 가라

앉혀야 할 것 같았다. 내 가슴을 콩이 등에 붙인 상태에서 내 체중으로 콩이를 뒤에서 눌렀다. 콩이를 꼼짝 못 하게 길바닥에 딱 붙이고 나도 그 위에 엎드렸다. 시간이 좀 지나자 콩이가 숨을 조금씩 고르기 시작하더니 혓바닥을 집어넣었다. 눈동자도 제대로 돌아오기 시작했다.

그런데 마침 지나가던 아줌마 두 명이 콩이와 함께 길바닥에 엎드려 있는 나를 보더니 강아지가 어디 아프냐고 하면서 말을 걸었다. 아줌마들이 관심을 보이자, 콩이가 다시 숨을 가쁘게 쉬면서 흥분하려고 했다. 내가 작은 목소리로 강아지가 흥분해서 그렇다고, 관심을 보이면 또 흥분한다고 속삭였다. 아줌마들이 얼른 자리를 피해 주었다. 이후에도 나는 콩이의 숨결이 완전히 편안해질 때까지 한참을 콩이와 함께 길바닥에 엎드려 있었다.

그런 일이 있고 나서 나는 어떤 상황에서도 내가 콩이의 이름을 부르면 콩이가 반드시 나를 돌아보도록 훈련해야겠다고 마음먹었다. 이 훈련은 매일 아침 산책을 하고 집에 돌아오는 길에 했다. 산책하러 막 나갔을 때는 콩이가 흥분한 상태여서 아예 시도도 안 했다. 산책하고 집에 돌아올 때쯤에는 콩이 몸에서 힘이 어느 정도 빠진 상태여서 그런지 비교적 훈련이 잘되었다.

구청 앞 넓은 공터를 지날 때 콩이가 앞장서서 걸어가면 내가 콩이의 이름을 부르면서 강아지 줄을 살짝 당겼다. 콩이가 뒤를 돌아보면, 내가 두 팔을 벌리고 쪼그리고 앉았다. 콩이가 나에게 달려오면, 한참을 쓰다듬어 주면서 칭찬해 주었다. 간식도 줬다.

어느 정도 하고 나면 콩이가 다시 앞장서서 몇 걸음 걷게 해 주었다. 이후 내가 뒤에서 또 콩이의 이름을 부르면서 강아지 줄을 살짝 당겼다. 콩이가 뒤돌아보면, 또다시 내가 두 팔을 벌리고 쪼그리고 앉았다. 콩이가 나에게 달려오면, 또 한참을 쓰다듬어 주면서 칭찬해 주었다. 매번 간식도 줬다. 그 과정을 매일 아침 두세 번씩 반복했다.

이 훈련이 콩이에게 기분 좋은 느낌으로 기억된 것 같았다. 어느 날부터 콩이는 언제든 어디에서든 내가 자기 이름을 부르면 너무 좋아했다. 신나서 달려왔다. 그때 표정을 보면 항상 웃고 있었다. 달려올 때 콩이의 모습이 너무너무 사랑스러웠다. 콩이가 달려오면 나도 웃으면서 두 팔을 벌려 콩이를 맞이해 주었다. 한참을 쓰다듬어 주고 칭찬해 주었다.

집에서도 콩이의 이름을 불러 보았다. 내가 이름을 부르면 콩이는 어디에서 무얼 하다가도 재빨리 나에게 달려왔다. 가끔은 콩이가 방에서 낮잠을 자고 있을 때 거실에서 콩이를 불러 보았다. 콩이는 그때도 나에게 달려왔다. 잠이 덜 깬 상태로 후다닥 나오다가 휘청거릴 때도 있었다. 그래도 어떻게든 정신을 차리고 나에게 달려왔다. 그 모습이 너무 귀여웠다.

한번은 콩이를 데리고 한강공원에 놀러 나갔다가 그늘에 자리를 잡고 앉아서 쉬고 있었다. 콩이에게 줄 게 있어서 뒤돌아 엎드려서 쉬고 있는 콩이를 불렀다. 콩이가 자기 이름을 듣더니 얼른 일어나서 내 앞으로 왔다. 그때 근처에 앉아서 쉬고 있던 아저씨가 그 모습을 보고 감탄하면서 우리에게 다가왔다. 어떻게 강아지가 이렇게 반응을 잘하냐고 했다. 자기도 강아지를 많이 키워 봤지만 이렇게 반응을 잘하는 강아지는 못 봤다고 했다.

그때부터는 콩이가 앞장서서 걸어도 걱정이 없었다. 좌우로 왔다 갔다 해도 걱정이 없었다. 내가 이름을 부르면 콩이는 재빨리 뒤를 돌아보았고, 그러면 언제든지 내가 원하는 바를 콩이에게 전달할 수 있었다. 콩이는 내가 손가락만 들어서 방향을 가리켜도 무슨 뜻인지 금방 알아듣고 따라 주었다.

이 훈련이 빠르게 성과를 거둔 데에는 숨은 이유가 있었다. 지금 와서 생각해 보면, 이 과정이 없었다면 다른 어떤 훈련도 효과를 거두기 어려웠을 것 같다.

콩이가 우리 집에 처음 왔을 당시에 나는 해발 600m가 넘는 산 정상에 있는 절에 매일 다니고 있었다. 콩이가 우리 집에 온 후에도 절에 계속 다니고 싶었다. 그런데 콩이가 분리 불안이 심해서 콩이를 집에 혼자 둘 수가 없었다. 할 수 없이 콩이를 데리고 절에 다녔다. 콩이가 등산에 적응을 하면 계속 데리고 다니고, 적응을 못 하면 한동안 절에 가는 걸 쉬려고 했다. 그런데 콩이는 발이 땅에 닿자마자 절에 도착할 때까지 바위산을 거의 날아서 올라갔다. 절에서 내려올 때도 혼자서 거의 날아서 내려왔다. 산에서 만난 사람들은 힘든 기색이 전혀 없이 거의 날아다니고 있는 콩이를 볼 때마다 작은 강아지가 대단하다고 놀라워했다.

3개월쯤 매일 그렇게 했더니 콩이가 올라갈 때는 여전히 잘 올라가는데 내려올 때는 나에게 안아 달라고 했다. 이전에는 매일 등산을 포함해서 하루에 네 번씩 산책을 하는데도 항상 산책이 모자란 듯한 느낌이 들었는데, 그 정도가 되니까 콩이가 산책에 연연하지 않게 되었다. 어떤 때는 내가 산책 시간이 되었다고 나가자고 해도, 오히려 살짝 귀찮아했다. 그때부터는 산책을 나가도 흥분하지 않았다. 산책 중에도 어느 정도 했다 싶으면 자기가 먼저 돌아서서 집으로 향했다. 그 당시에 이렇게 콩이 몸에서 남아도는 힘을 완전히 빼 주었기 때문에 콩이가 자기 이름에 재빨리 반응하는 훈련도 가능하지 않았을까 싶다.

4.
놀이할 때 흥분하는 증상

콩이가 우리 집에 온 지 얼마 되지 않았을 때였다. 한창 던지기 놀이를 하다가 순간적으로 콩이와 나의 합이 어긋났다. 장난감이 아직 콩이의 입에 있을 때 내가 장난감에 손을 뻗게 되었다. 평소 콩이는 누군가가 자기 입에 손가락을 넣어도 혓바닥으로 어떻게든 밀어낸다. 그런 콩이가 처음으로 나에게 "으르릉!" 했다. 내가 깜짝 놀라 장난감에서 얼른 손을 떼면서 콩이를 보았다. 눈동자가 또 풀려 있었다. 던지기 놀이를 하는 동안 점점 흥분하다가 어느 순간 정신 줄을 놓은 모양이었다.

그런 일이 있은 후 나는 생각이 많아졌다. 아무래도 콩이가 장난감에 집착이 생긴 것 같았다. 콩이가 장난감에 집착하지 못하도록 훈련해야겠다고 생각했다.

이후로도 던지기 놀이를 하다가 콩이가 몇 번 더 "으르릉!" 했다. 그때마다 나는 바로 놀이를 그만두고 벌떡 일어나서 방문을 닫고 나왔다. 장난감에 집착하면 재미있는 놀이를 계속할 수 없다는 걸 콩이에게 알려주고 싶었다. 그때까지 콩이는 분리 불안이 심한 상태였기 때문에 방에 혼자 오래 둘 수는 없었다. 길어야 2, 3분 정도였다.

이후 문을 열고 들어가 보면, 콩이가 내 돌발 행동에 놀랐는지 정신을 바짝 차리고 있었다. 눈에 초점도 제대로 잡혀 있었다. 장난감을 내려놓고 바닥에 납작 붙어서는 내 눈치를 보며 꼬리를 빠르게 흔들었다. 공격할 의사가 없으니 사이좋게 지내자는 뜻이 나에게 역력히 전달되었다.

하지만 그때뿐이고 또다시 그런 일이 반복되었다. 아무래도 던지기 놀이를 계속하다가는 콩이에게 안 좋은 버릇이 생길 것 같았다. 걸핏하면 "으르릉!" 하는 강아지가 될 수도 있을 것 같았다.

우선 던지기 놀이를 잠정적으로 중단했다. 대신 강아지 스트레스 해소에 좋다고 하는 노즈워크 놀이를 시작했다. 콩이는 노즈워크를 아주 잘했고 또 좋아했다.

처음에는 종이를 접어서 그 안에 간식을 넣고 노즈워크를 하게 했다. 그런데 종이가 콩이의 침에 녹아서 흐물흐물해지는 것을 보고 혹시라도 콩이가 간식과 종이를 함께 삼키게 될까 봐 염려되어 도구를 바꿨다.

피자가 배달되어 올 때 같이 오는 피클 통을 모아 두었다. 거기에 간식을 넣은 후 그 통을 안 신는 깨끗한 양말 속에 넣어서 노즈워크를 하게 했다. 도구가 바뀌어도 콩이는 금방 적응했다. 그런데 이번에는 콩이가 노즈워크를 하다가도 흥분해서 정신을 못 차렸다. 내가 피클 통을 치우려고 손을 뻗으면 또 "으르릉!" 했다. 왜 그런가 살펴봤더니 피클 통이 굴러다닐 때 안에서 간식이 부딪히면서 나는 소리에 콩이가 흥분하는 것 같았다.

한 번 더 도구를 바꿨다. 천을 가지고 바느질을 해서 콩이 전용 노즈워크 판을 만들었다. 그때부터 콩이는 그 판을 가지고 노즈워크를 했다. 그때 이후로 콩이가 노즈워크를 하다가 흥분하는 일은 없었다.

3개월 정도 지나 콩이가 많이 안정되었을 때 던지기 놀이를 다시 시작했다. 그때부터는 내가 고안한 '놔' 훈련도 병행했다. 콩이가 장난감을 가지고 와서 내 앞에 내려놓을 때 내가 "놔"라고 외쳤다. 콩이가 내려놓고 싶어서 내려놓은 것이 아니라 마치 내가 "놔"라고 해서 내려놓은 것처럼 만들었다. 그 과정을 수도 없이 반복했다.

이후에는 콩이가 나랑 놀고 싶어서 장난감을 입에 물고 와서 나를 바라보고 있을 때도 내가 "놔"라고 해 봤다. 처음에 콩이는 나를 쳐다보면서 한참 동안 뭔가를 생각했다. 그러다가 '이건가?' 하는 표정으로 장난감을 내려놓았다. 그때 내가 아주 많이 칭찬해 주었다. 다시 장난감을 들어 콩이에게 물게 해 줬다. 이후 또 내가 "놔"라고 했다. 훈련이 반복될수록 콩이가 머뭇거리는 시간이 짧아지고 장난감을 내려놓는 속도가 빨라졌다. 언젠가부터 콩이는 내가 "놔"라고 하면 바로 장난감을 내려놓았다.

그 상태에서 심화 훈련에 들어갔다. 콩이가 입에 장난감을 물고 있을 때 스스로 놓게 하지 않고 내 손으로 그 장난감을 붙잡았다. 처음에 콩이는 장난감을 더 세게 물고 안 놓으려고 했다. 나는 장난감을 더 세게 붙잡고 콩이에게 "놔"라고 했다. 콩이는 내 말을 듣더니 재빨리 나를 쳐다봤다. 잠시 뭔가를 생각하는 것 같더니 슬며시 입에서 장난감을 놓았다. 그 모습을 보자 나는 눈물이 날 것 같았다. 평소 콩이는 입이 짧아서 먹을 것에도 집착이 없는데, 마지막으로 집착이 조금 남아 있었던 장난감마저도 내가 놓으라고 하니까 놓는 것이었다.

나는 마음을 단단히 먹었다. 마음이 약해지면 그동안 해 온 노력이 물거품이 되었다. 나는 콩이가 장난감을 입에서 놓자마자 많이 칭찬해 주었다. 콩이는 내가 기분이 좋아진 걸 확인하더니 바로 장난감을 입에 물었다. 나는 또 장난감을 붙잡고 "놔"라고 했다. 콩이는 잠시 머뭇거리더니 다시 놓았다. 그 과정을 반복했다. 이후 콩이는 장난감을 놓아도 얼마든지 다시 물 수 있다는 것을 안 것 같았다. 내가 놓으라고 하면 언제든지 개의치 않고 장난감을 놓았다가 내가 칭찬해 주면 다시 물었다.

예상하지 못했던 발전도 있었다. 콩이는 던지기 놀이를 꾸준히 하면서 흥분을 스스로 가라앉히는 방법까지 터득했다. 가끔 콩이가 던지기 놀이를 한창 하던 중에 장난감을 물고 달려와서는 내 앞에 내려놓지 않고 그대로 내 옆에 바짝 붙어서 바닥에 엎드릴 때가 있었다. 가만히 살펴보니, 아직 더 놀고 싶으니까 가지 말고 조금만 기다리라는 뜻 같았다. 콩이가 숨을 고르고 있었다. 그러다가 호흡이 조금 안정되니까 다시 일어나서는 내 앞에 장난감을 내려놓고 앞으로 달려 나갔다. 뒤를 돌아보면서 나에게 던지라고 신호를 보냈다. 이렇게 하니까 콩이가 던지기 놀이를 하다가 정신을 놓을 정도로 흥분하는 일이 아예 없어졌다.

그런데 콩이의 흥분 버튼을 누르는 또 다른 복병이 있었다. 새였다. 콩이가 산책하다가 새를 보고 발작에 가까울 정도로 흥분해서 순간적으로 튀어 나가는 데에는 앞서 했던 어떤 훈련도 통하지 않았다.

5.
새를 쫓아가는 버릇

　처음에 콩이는 새만 보면 앞뒤 안 가리고 바로 튀어 나갔다. 콩이가 특히 열렬히 반응하는 새는 비둘기였다. 콩이는 비둘기를 보면 주변에 사람이 지나가든 차가 지나가든 신경 쓰지 않았다. 비둘기만 보면서 그대로 쫓아갔다. 나는 위험한 일이 언제 벌어질지 몰라 항상 강아지 줄을 꽉 붙잡고 있어야 했다. 그런데 하루에도 몇 번씩 하는 산책 때마다 그런 방식으로 버틸 수는 없었다. 일단 버티고는 있었지만, 언제까지나 잘 버틸 수 있을지 자신이 없었다. 그러다가 위험한 일이 벌어질까 봐 두려웠다.

　다른 훈련들이 어느 정도 마무리되어 갈 즈음, 이 문제에 대해서도 근본적으로 대책을 세우기 시작했다. 일단 콩이가 새를 쫓아가는 이유를 생각해 봤다. 무서워서 그러는 것일 수도 있고 좋아서 그러는 것일 수도 있었다. 그런데 아무리 자세히 관찰해 봐도 겉으로 드러나는 행동만 봐서는 이유를 알 수 없었다. 이유는 알 수 없었지만, 어쨌든 콩이가 새들에게 보이는 관심이 큰 건 확실했다. 그런데 관심이 워낙 커서 그 관심을 완전히 끊게 하는 건 불가능할 것 같았다. 나는 콩이가 새들에게 보이는 관심을 존중하면서 대신 관심을 보이는 방법은 내가 제시하는 범위 안에 있어야 한다는 원칙을 세웠다. 새들을 원하는 만큼 얼마든지 오래 볼 수는 있지만 쫓아가지는 않는 것이었다.

안 통할 수도 있었지만, 밑져야 본전이라는 마음으로 나만의 훈련을 시작했다. 콩이가 비둘기를 보고 튀어 나가려고 할 때 강아지 줄을 꽉 붙잡으면서 동시에 큰 소리로 "보기만 해."라고 말했다. 처음에 콩이는 내가 그러든지 말든지 강아지 줄을 끊어져라 당기면서 앞으로 나가려고 했다. 내가 강아지 줄을 꽉 붙잡고 팽팽하게 버티니까 콩이가 뒷발로 서서 통통 뛰는 지경에까지 이르렀다. 콩이가 그렇게 소란을 피우면, 비둘기들이 놀라서 날아가 버렸다. 그 과정을 3개월 정도 반복했지만, 나아지는 게 없었다.

아무래도 그 방법만으로는 약한 것 같았다. 다른 방법을 추가할 필요가 있었다. 가끔은 콩이보다 내가 먼저 멀리 앉아 있는 비둘기를 발견할 때가 있었다. 그러면 내가 콩이 옆에 조용히 쪼그리고 앉으면서 비둘기를 가리키며 "보기만 해."라고 말했다. 그렇게 하면 콩이가 비둘기를 못 보고 지나칠 수도 있었던 상황에서 오히려 나 때문에 비둘기를 발견하고는 또 소란을 피우는 일이 발생했다. 비둘기는 놀라서 날아가 버렸다. 그래도 나는 그 과정을 계속 반복했다.

다음 해 봄이 되었다. 어느 날 콩이가 산책하다 말고 갑자기 내 행동을 흉내라도 내는 것처럼 조용히 앉았다. 왜 그러나 싶어서 자세히 봤더니, 콩이의 시선 끝에 비둘기가 있었다. 내가 쪼그리고 앉을 때까지는 비둘기를 볼 수 있었는데, 자기가 날뛰자 바로 비둘기를 못 보게 되었다는 것을 드디어 알아차린 것 같았다. 콩이가 조용히 앉아 있으니까, 비둘기도 콩이를 슬쩍 보더니 자기 하던 일을 마저 했다. 그날 콩이는 비둘기를 아주 오래 볼 수 있었다.

그때부터는 내가 굳이 쪼그리고 앉지 않아도 되었다. 콩이가 "보기만 해."라는 말을 알아들었다. 내가 비둘기를 가리키면서 작은 목소리로 "보기만 해."라고 말하면, 콩이는 튀어 나가지 않고 그 자리에 조용히 앉았다. 그 상태에서 가만히 비둘기를 관찰했다. 그러면 비둘기도 날아가지 않았다. 콩이는 자기가 원하는 만큼 비둘기를 다 본 뒤에는 일어나서 비둘기를 뒤로 한 채 원래 가던 방향으로 걸어갔다. 콩이가 먼저 돌아설 때까지 나는 콩이 뒤에 서서 조용히 기다려주었다.

지금도 콩이는 비둘기를 보면 그냥 지나치지 않는다. 비둘기가 나뭇가지에 가려져서 잘 안 보이면, 조심스럽게 이리저리 돌아다니면서 잘 보이는 자리를 찾은 후 본다. 비둘기가 전깃줄에 앉아 있으면, 그 밑에 서서 고개를 치켜들고서 본다. 지나가는 사람들이 그런 콩이를 보고 나에게 강아지가 어디를 저렇게 보냐고 묻곤 한다. 내가 비둘기를 본다고 대답하면, 다들 강아지가 꼭 사람 같다고 한다.

새를 쫓아가지 않고 지켜보기만 하는 훈련은 또 다른 데에 도움이 되었다. 산책하다 보면 강아지들끼리 인사하는 걸 좋아하지 않는 강아지를 만날 때가 있다. 처음에 콩이는 강아지만 보면 무조건 다가가서 인사를 해야 직성이 풀렸다. 상대방 강아지가 좋아하지 않는데도, 굳이 냄새를 맡겠다고 코를 들이댔다. 콩이가 "보기만 해."라는 말을 알아듣게 된 후부터 나는 이 상황에서도 똑같이 해 보았다.

상대방 강아지가 콩이를 보고 불편해하는 기색이 보이면, 콩이가 그 강아지에게 다가가려고 할 때 얼른 강아지 줄을 꽉 붙잡고 "보기만 해."라고 했다. 처음에 콩이는 자기의 인사를 받아 주지 않는 상대방 강아지를 이해하지 못했다. 내가 말리면 말릴수록 더 다가가려고 했다.

나는 콩이가 자기의 호의를 상대방 강아지가 무시했다고 느껴 마음에 상처를 입을까 봐 걱정되었다. 그래서 콩이가 알아듣든 못 알아듣든 항상 이 말도 덧붙였다. "너가 싫어서 그러는 게 아니야. 아직 마음의 준비가 안 되었대." 내 기분인지는 몰라도, 그러면 콩이가 조금은 편안해지는 것 같았다. 상대방 강아지의 보호자도 편안하게 웃으면서 지나갔다.

시간이 지날수록 콩이는 인사를 좋아하지 않는 강아지도 비둘기를 대하듯 대하면 된다는 것을 알아차렸다. 어느 날부터 내가 "보기만 해."라고 하면, 그 자리에 그대로 서서 상대방 강아지가 완전히 지나갈 때까지 조용히 꼬리만 흔들어 주었다. 이제는 내가 굳이 "보기만 해."라는 말까지 할 필요도 없다. 상대방 강아지가 불편해하는 기색이 보이면, 콩이가 알아서 못 본 척하면서 조용히 지나간다.

6.
긴 막대기에 대한 트라우마(증상)

콩이가 우리 집에 온 후 맞이하는 첫 겨울이었다. 그날도 난 콩이와 함께 아침 산책을 나갔다. 해가 늦게 뜨는 시기라 아직 주변이 깜깜했다. 길을 건너기 위해 횡단보도 앞에 서 있었다. 잠시 후 보행자 신호등이 파란색으로 바뀌었고, 콩이와 함께 길을 건너기 시작했다. 거기까지는 평소와 다를 바 없이 순조로웠다.

그날은 교통정리 봉사 활동을 하는 모범택시 기사 아저씨들이 도로에 나와 있었다. 횡단보도를 사이에 두고 우리 맞은편에도 모범택시 기사 아저씨 한 명이 서 있었다. 그 아저씨는 횡단보도 앞에서 신호등이 바뀌기를 얌전히 기다리고 있는 콩이를 보더니 눈에서 하트가 쏟아졌다. 도저히 못 참겠는지 우리가 길을 다 건너기도 전에 우리 쪽으로 다가왔다. 콩이를 가까이에서 보고 싶은 모양이었다. 그런 일은 자주 있는 일이라 나는 아무렇지 않게 콩이와 함께 길을 건너고 있었다.

그런데 횡단보도 중간에서 콩이가 갑자기 차가운 바닥에 납작하게 붙어 버렸다. 사지를 완전히 땅바닥에 붙인 채 벌벌 떨었다. 내가 너무 놀라서 강아지 줄을 당겨 보았지만, 콩이는 꼼짝도 하지 않았다. 여기저기서 사람들이 모여들었다. 나한테 강아지에게 무슨 일이 있냐고 물었다. 나는 처음 있는 일이라 나도 왜 이러는지 모르겠다고 대답했다. 사람들이 다들 걱정하는 표정으로 콩이를 들여다보았다.

그 당시에는 이미 콩이가 자기 이름에 재빨리 반응하도록 훈련이 되어 있는 상태였다. 그런데 그날은 내가 콩이의 이름을 아무리 불러도 전혀 반응하지 않았다. 이상해서 콩이를 유심히 살펴보았다. 콩이는 어딘가를 뚫어져라 보느라 내 목소리가 아예 안 들리는 것 같았다. 어디를 그렇게 보나 했더니, 모범택시 기사 아저씨의 손에 들린 긴 막대기였다. 경찰들이 교통정리를 할 때 사용하는 막대기였다. 그 막대기에 빨간색 등이 켜져 있었다.

순간적으로 내 머릿속에서 모범택시 기사 아저씨가 다가오기 전까지는 콩이가 멀쩡했었다는 기억이 떠올랐다. 아저씨에게 조심스럽게 말을 꺼냈다. 우리 강아지가 아저씨가 손에 들고 있는 막대기를 보는 것 같다고 했다. 아저씨가 내 말을 듣더니 막대기를 얼른 등 뒤로 감추었다. 콩이는 눈앞에서 막대기가 사라지자 벌떡 일어서더니 아무 일도 없었다는 듯이 길을 마저 건너갔다.

다음 해 봄에 비슷한 일이 또 일어났다. 일행들과 함께 콩이를 데리고 도시 외곽에 있는 식당에 갔다. 손님들이 몰리는 시간이 지나서 그런지 손님이 우리밖에 없었다. 그 식당에는 큰 정원이 있었다. 식사 후 그 정원에서 콩이와 함께 잠깐 던지기 놀이를 했다. 내가 바닥에서 마른 솔방울 같은 걸 주워서 던지면 콩이가 달려가서 물어 왔다. 그런데 정원 바닥에 안 쓰는 골프채가 놓여 있었다. 일행 중 한 명이 콩이와 내가 던지기 놀이를 하는 것을 보고 골프채에 걸려 넘어질 것 같다고 하면서 골프채를 치우려고 다가왔다.

골프채가 들어 올려지자, 콩이가 갑자기 바닥에 납작하게 붙어 버렸다. 또 사지를 땅바닥에 붙인 채 벌벌 떨었다. 사람들이 달려와서 나에게 콩이가 왜 이러냐고 물었다. 콩이가 어디를 보나 했더니, 골프채를 보고 있었다. 내가 골프채를 보고 이러는 것 같다고, 전에도 긴 막대기를 보고 이런 적이 있었다고 대답했다. 골프채를 들고 있던 사람이 내 말을 듣고 골프채를 멀리 던져 버렸다. 콩이는 골프채가 멀리 날아가는 것을 보더니 벌떡 일어나서는 재빨리 나에게 달려왔다. 나한테 딱 붙어서는 더 이상 던지기 놀이를 안 하려고 했다.

동물 병원에 다른 볼일이 있어서 갔다가 앞서 있었던 일련의 두 가지 사건에 대해서 수의사에게 이야기했다. 수의사는 내 말을 듣자마자 콩이가 예전에 막대기처럼 생긴 물건으로 맞은 것 같다고 했다. 예상은 하고 있었지만, 막상 수의사의 입을 통해 그런 말을 들으니 속상한 마음이 울컥 올라왔다. 그런데 그게 끝이 아니었다. 바로 이어서 덜컥 겁이 났다. 그 순간 걸핏하면 눈동자에 초점이 풀리던 콩이의 눈이 떠올랐기 때문이다. 그동안 왜 콩이에게 그런 증상이 나타나는지 알 수 없었는데, 수의사의 말을 듣고 나니 그제야 그 이유를 알 것 같았다.

7.
긴 막대기에 대한 트라우마(극복)

　콩이의 눈은 내가 본 적이 있는 눈이었다. 콩이가 우리 집에 오기 한참 전부터 외할머니는 치매를 약간 앓고 있었다. 평소 외할머니는 모든 일에 분명하고 확실한 사람이었다. 눈빛이 흐릿한 사람이 아니었다. 그런데 어느 날부터 멀쩡하게 잘 지내다가도 갑자기 이상한 말과 행동을 했다. 병원에서 치매 진단을 받았다. 외할머니가 이상한 말과 행동을 할 때 외할머니의 눈동자를 보면 초점이 풀려 있었다. 콩이는 치매에 걸리지 않았는데도 증상이 외할머니와 너무 비슷했다. 멀쩡하게 잘 지내다가 순간순간 이상 행동을 했다. 그때 눈을 보면 눈동자에 초점이 풀려 있었다.

　나는 외할머니가 왜 치매에 걸리게 되었는지 혼자 생각해 놓은 것이 있었다. 주변 사람들을 통해서 나는 외할아버지가 젊었을 때 바람을 많이 피웠었다는 이야기를 종종 들었다. 그 이야기를 들을 때마다 나는 누구보다도 외할머니가 가장 고통스러웠을 거라는 생각이 들었다. 그런데 외할머니는 그 일에 대해 내 예상과 다른 이야기를 했다. 외할머니가 그런 일을 겪을 때마다 동네 여자들이 위로한답시고 찾아와서는 염장을 지르고 가는 일이 많았다고 했다. 그래도 외할머니는 그 여자들 앞에서 약한 모습을 보이지 않았다고 했다. 남자가 능력이 있으니까 바람도 피우는 거라고 하면서 오히려 큰소리를 쳐서 그 여자들을 쫓아 보냈다고 했다.

그런데 고통스러운 기억은 외면한다고 잊혀지는 게 아닌 것 같았다. 오히려 나이가 들수록 더 강해지는 것 같았다. 예전에 외할머니는 그 이야기를 굳이 먼저 꺼내지 않았었다. 그런데 노년에 들어선 후에는 묻지도 않았는데 나한테 그때의 일을 말하는 횟수가 점점 잦아졌다. 그 말을 하고 있을 때 외할머니를 보면, 아무렇지 않아 보이지 않았다. 쓸쓸하고 슬퍼 보였다.

외할머니가 치매 진단을 받은 후 나는 외할머니가 고통스러운 기억을 잊어 보려고 혼자 너무 오랜 시간 동안 노력하면서 외할머니의 뇌 일부에 손상이 생겼을 수 있다고 생각했다. 그래서 멀쩡하게 돌아가던 뇌가 갑자기 뭔가에 툭 걸린 것처럼 정지되면서 눈동자에 초점이 풀리고 그때부터 외할머니가 자신의 의지와 상관없이 이상한 말과 행동을 하는 것일 수 있었다.

이 가설을 콩이에게 적용해 보면 맞아떨어지는 게 많았다. 콩이의 성격으로 미루어 볼 때, 콩이는 누군가에게 맞았다고 해도 그 사람을 적대시하기는커녕 아무렇지 않은 척하면서 그 사람과 다시 사이좋게 지내보려고 노력했을 가능성이 높다. 그런데 내가 콩이를 처음 만났을 때 콩이 나이는 2년 6개월이 다 되어 가고 있었다. 강아지에게는 짧은 시간이 아니다. 그 긴 시간 동안 콩이가 고통스러운 기억을 잊으려고 끊임없이 노력했다면, 콩이의 뇌 일부에 이미 손상이 시작되었을 수 있다. 그래서 분리 불안이 시작되거나 흥분하거나 해서 뇌에 강한 자극이 주어지면, 마치 뇌가 뭔가에 툭 걸린 것처럼 정지되었을 수 있다. 또 그래서 콩이가 초점이 풀린 눈동자를 하고서 자기의 의지와 상관없는 행동을 했을 수 있다.

그때까지 콩이는 뇌에 강한 자극이 주어지지만 않으면 눈동자에 초점이 풀리지는 않았다. 아직은 손상이 심각한 수준에까지 이르지 않았다는 뜻일 수 있었다. 하지만 그 상태를 계속 방치하면, 외할머니처럼 뇌에 아무런 자극이 주어지지 않았는데도 뇌가 돌아가다가 갑자기 무언가에 툭 걸린 것처럼 정지될 수도 있었다. 그러다가 콩이도 치매 진단을 받을 수 있었다.

생각이 여기까지 미치자, 정신이 번쩍 들었다. 콩이의 아픈 과거가 미래까지 집어삼키게 할 수는 없었다. 대책을 세워야 했다. 나는 외할머니를 보면서 처음부터 치매에 걸리지 않게 막을 방법은 없었을까에 대해서도 심각하게 고민했었고, 내 나름대로는 획기적이라고 생각하는 방법도 찾아 놓고 있었다.

고통스러운 기억이 떠오르는 횟수를 줄일 수만 있다면, 그 기억을 잊으려고 노력하는 횟수도 줄일 수 있다. 어떻게 하면 고통스러운 기억이 떠오르는 횟수를 줄일 수 있을까 생각해 보았다. 기억의 총량을 늘리는 방법이 있었다. 그렇게 하면 머릿속에 저장되어 있는 여러 기억들 중에서 고통스러운 기억이 떠오를 확률이 상대적으로 낮아진다. 처음에는 한 달에 한 번씩 떠오르다가, 나중에는 일 년에 한 번씩 떠오르고, 언젠가는 몇 년이 지나도 그 기억은 차례가 안 돌아올 것이다. 그 정도로 기억의 총량을 늘리면, 아픈 기억을 잊기 위해 노력해야 하는 횟수도 그만큼 줄일 수 있지 않을까 생각했다.

이 방법도 어디까지나 내 가설이었다. 하지만 콩이가 치매에 걸리는 것을 막기 위해 뭐라도 해 보기에 아주 허무맹랑한 방법은 아니었다. 그리고 콩이에게 도움이 되면 되었지 해가 되는 방법은 아니었다. 문제는, 콩이에게 좋은 기억을 많이 심어 주고 싶어도 내가 몸이 아파서 한계가 있다는 점이었다. 최선을 다하기는 하겠지만, 그것만으로는 턱없이 부족할 것 같았다. 어떻게 하면 빠른 시간에 콩이에게 좋은 기억을 폭발적으로 많이 심어 줄 수 있을지 머리를 굴렸다. 동네 사람들이 떠올랐다.

콩이를 이뻐하는 동네 사람들을 만날 때마다 콩이가 긴 막대기만 보면 이상 행동을 한다고 이야기했다. 수의사한테 콩이의 증상을 말했더니 콩이가 과거에 막대기로 맞은 것 같다고 하더라는 이야기도 함께 했다. 내 이야기를 들은 사람들은 하나같이 수의사의 말이 맞는 것 같다고 하면서 눈에 눈물이 그렁그렁했다. 나는 조심스럽게 내가 생각해 놓은 치매의 원인과 예방법에 대한 이야기도 꺼냈다. 내 가설을 들은 사람들은 다들 그럴싸하다고 동의해 줬다. 나는 콩이에게 좋은 기억을 많이 심어 주고 싶은데 내 힘만으로는 부족할 것 같다고 했다. 사람들이 도와주겠다고 했다.

  이후 동네 사람들은 콩이만 보면 달려와서 이뻐해 주었다. 가게 안에서 일을 하고 있다가도 콩이가 가게 앞을 지나가면 일손을 놓고 달려 나와서 이뻐해 주는 사람들도 많았다. 콩이는 자기를 이뻐해 주는 사람들이 있는 가게를 전부 기억했다. 그 가게들을 그냥 지나치지 않았다. 사람들이 나오지 않으면, 나올 때까지 문 앞에 서서 가게 안쪽을 뚫어져라 쳐다보았다.

  콩이의 그런 모습을 보고 지나가는 사람들이 나한테 강아지가 왜 저러냐고 물었다. 내가 이유를 설명해 주면, 영리하다고 하면서 그 사람들까지 콩이를 이뻐해 주었다. 그러다 보니 동네에서 콩이를 이뻐하는 사람들이 폭발적으로 늘어 갔다. 얼마 지나지 않아 콩이가 산책을 나가면 "콩아!" 하고 부르는 사람들이 앞에도 있고 뒤에도 있는 상태가 되었다.

  콩이는 여러 사람이 여기저기서 불러도 한 명도 빼놓지 않고 전부 순서를 기억했다. 한 사람씩 먼저 부른 순서대로 다가가 충분히 인사를 나눴다. 그 사람들과 인사를 한 이후에는 옆에서 기다리고 있던 그 사람들의 일행들에게도 자기와 인사하고 싶은지

꼼꼼히 확인했다. 사람들은 그런 콩이를 보고 마음이 깊고 따뜻한 아이라고 하면서 더 이뻐해 주었다. 콩이의 머릿속에 좋은 기억들이 차곡차곡 쌓여 가는 게 내 눈에 보였다.

그렇게 3년 정도 지난 무렵이었다. 콩이와 함께 산책하다가 그동안 나조차 잊고 있었던 막대기 사건이 떠올랐다. 콩이가 막대기를 보면 어떻게 반응할지 궁금해졌다. 주변에서 긴 막대기를 찾았다. 콩이를 앞에 세워 놓고 막대기를 들어서 보여주었다. 콩이는 막대기를 한 번 쓱 보더니 나를 쳐다보았다. 눈으로 나에게 이렇게 말하고 있었다. "지금 뭐 해?" 그렇게 해서 콩이는 긴 막대기에 대한 트라우마에서 완전히 벗어났다.

8.
밥 안 먹는 증상

    우리 집에 처음 왔을 때 콩이는 3.2kg이었다. 뼈에 피부만 붙어 있는 것처럼 보일 정도로 앙상하게 말라 있었다. 잘 먹어야 살이 붙을 텐데 잘 먹지를 않았다. 동네 사람들이 콩이를 위해서 온갖 종류의 맛있는 사료를 가져다주었다. 전부 고급 사료들이었다. 콩이는 아무리 좋은 사료도 아주 조금씩밖에 먹지 않았다. 사람들이 사료를 계속 주는데 콩이는 조금만 먹고 외면하니 집 한쪽 구석에 강아지 사료가 계속 쌓여 갔다.

    어느 날 가만히 보니 콩이가 사료를 씹지 않고 꿀떡꿀떡 삼키듯이 먹고 있었다. 그렇게 먹다가 힘들면 분명히 사료에 미련이 남은 것 같은데 더 이상 먹지 않고 물러섰다. 나는 콩이를 데리고 동물 병원에 가서 수의사에게 물어보았다. 수의사는 원래 개들은 씹지 않고 삼킨다고 했다. 나는 이해가 되지 않았다. 개들이 원래 씹지 않고 삼킨다면 사람보다 더 날카로운 치아가 왜 있을까 싶었다. 나는 수의사에게 예전에 내가 키웠던 강아지는 "아작아작" 소리를 내면서 사료를 씹어 먹었다고 했다. 수의사는 사료는 이미 다 갈아져서 나오기 때문에 굳이 씹어 먹지 않아도 된다고 했다.

그래도 나는 콩이가 사료를 조금밖에 못 먹는 게 너무 안쓰러웠다. 사료를 물에 30분 정도 불려 두었다가 곤죽처럼 만들어서 줘 봤다. 콩이가 순식간에 그 많은 사료를 허겁지겁 다 먹더니 그릇의 바닥까지 싹싹 핥았다. 콩이가 물에 불린 사료를 잘 먹으니까 그때부터는 계속 그렇게 해서 주었다.

사료를 물에 불려서 먹이는 일은 보통 정성이 필요한 일이 아니었다. 사료를 한꺼번에 불려 놓으면 상할 수 있으니까 매번 한 끼에 먹을 만큼씩만 불렸다가 주었다. 가장 힘들 때는 외출하거나 여행할 때였다. 한창 이동하다가도 식사 시간 30분 전에는 사료가 담긴 통에 물을 부어야 했고, 이후에는 물이 출렁거리는 통을 30분 동안 들고 다녀야 했다. 그래도 콩이가 잘 먹으니까 나는 힘들어도 그 방법을 계속 이어갔다.

그 방법이 계속 통하진 않았다. 1년 정도 잘 먹던 콩이가 더 이상 안 먹으려고 했다. 나는 이유를 알 수도 없었고 더 좋은 방법을 찾을 수도 없었다. 그로부터 몇 달 동안은 곤죽이 된 사료를 숟가락으로 조금씩 떠서 콩이의 입천장에 바르듯이 넣어 주었다.

콩이는 그런 식사 방식을 좋아하지 않았다. 식사 때마다 안 먹으려고 하는 콩이를 움직이지 못하게 붙잡고 콩이의 입에 수도 없이 숟가락을 밀어 넣고 나면, 안 그래도 아픈 내 몸에서 그나마 남아 있던 힘마저 다 빠져나가는 느낌이 들었다.

그래도 그 작업을 멈출 수 없었다. 사료를 꾸준히 챙겨 먹인 이후로 콩이의 체중이 올라가고 있었다. 콩이가 우리 집에 온 지 1년 정도 되었을 때 콩이의 몸무게는 4.4kg이 되어 있었다. 1년 만에 체중이 1.2kg이나 증가하였다. 사람에게는 1.2kg이 별것 아니지만, 강아지에게는 큰 것이었다. 1년 만에 자기 원래 체중의 1/3 이상이 증가한 것이었다.

처음에 콩이의 체중이 계속 올라갈 때는 슬슬 비만이 걱정되었다. 그런데 콩이는 체중이 올라가도 살이 찌지는 않았다. 약간 마른 상태를 유지했다. 몸의 비율도 보기에 아주 좋았다. 이상했다. 왜 그럴까 싶어서 자세히 보니까, 콩이의 키가 자라고 있었다. 나는 나이가 이미 2년 6개월인 강아지의 키가 더 자랄 거라고는 상상도 못 했다. 그런데 콩이는 우리 집에 온 후 1년 동안에 다리는 최소 3cm 이상, 등 길이는 최소 7cm 이상 자랐다. 키만 자란 게 아니었다. 키에 비례해서 가슴통도 커졌다. 우리 집에 처음 왔을 때는 M 사이즈 옷을 입었었는데, 그때부터는 L 사이즈 옷을 입었다.

나는 콩이가 얼마나 더 크려고 그러는지 궁금했다. 그런데 체중이 4.4kg에 도달하자 사료를 똑같이 먹는데도 더 이상 체중이 증가하지도 키가 크지도 않았다. 근육이 보기 좋게 붙은 상태에서 그대로 균형 잡힌 몸매를 유지했다. 그 모습을 보면서 나는 콩이가 원래 4.4kg이 될 몸이었는데 그동안 너무 못 먹어서 못 크고 있었던 게 아닐까, 하는 생각이 들었다.

  콩이 체중이 4.4kg이 된 후에도 나는 콩이에게 곤죽이 된 사료를 떠먹여 주는 작업을 멈추지 않았다. 힘들게 붙은 근육이 도로 빠질까 봐 걱정되었다.

  그렇게 몇 달이 지난 어느 날이었다. 물에 불린 사료를 전자레인지에 돌린 후 꺼내다가 우연히 냄새를 맡게 되었다. 나한테 먹으라고 하면 절대 못 먹을 것 같은 역한 냄새가 났다. 집에 있던 다른 사료들을 꺼내서 똑같이 해 봤다. 냄새의 종류만 약간씩 다를 뿐 역하기는 마찬가지였다. 예전부터 강아지 사료에서 나는 냄새가 나한테는 역하게 느껴졌었다. 그런데 특유의 그 역한 냄새가 사료를 물에 불리니까 강해지고, 전자레인지에 돌리니까 더 강해졌다. 나는 콩이가 처음에 물에 불린 사료를 잘 먹었기 때문에 콩이한테는 그 냄새가 역하게 느껴지지 않는 줄 알았다. 그런데 처음 1년 동안에는 잘 먹다가 이후 안 먹으려고 하는 걸로 보아 처음에는 배가 너무 고파서 냄새를 참고 먹었던 것이 아니었을까 하는 생각이 들었다.

  역한 냄새의 원인이 뭘까 생각해 봤다. 고기 지방이나 생선 기름에서 나는 냄새 같았다. 그때부터 나는 고기나 생선이 들어 있지 않은 사료를 찾아다녔다. 그런데 아무리 돌아다녀 봐도, 오프

라인 판매처나 동물 병원에는 그런 사료가 없었다. 그러다가 우연히 인터넷에서 채식 사료를 발견했다. 얼른 주문했다. 채식 사료를 물에 불려서 전자레인지에 데워 보았다. 내가 싫어하던 특유의 그 역한 냄새가 전혀 나지 않았다. 콩이에게 줘 봤다. 콩이가 냄새를 맡아 보더니 떠먹여 주지 않아도 혼자 잘 먹었다.

채식 사료는 복돌이에게도 먹여 본 적이 없는 사료였다. 혹시라도 채식 사료에 영양이 부족해서 콩이 근육이 다시 빠질까 봐 걱정되었다. 체중을 꼼꼼히 확인했다. 아니나 다를까 처음 구입했던 채식 사료는 콩이에게 맞지 않았다. 체중이 조금씩 내려가더니 2주 정도 지나자 왼쪽 목에 혹까지 불거졌다. 활력도 떨어지는 것 같았다.

채식 사료를 좀 더 알아보았다. 오랜 기간에 걸쳐 좋은 후기가 수도 없이 쌓여 있는 외국 브랜드의 채식 사료를 찾았다. 그 채식 사료는 콩이에게 잘 맞았다. 체중이 금방 회복되었고 왼쪽 목에 불거졌던 혹도 사라졌다. 그 사료를 몇 달 먹더니 고기나 생선이 들어 있는 사료를 먹을 때보다 몸 상태가 훨씬 좋아졌다. 몸을 만져 보면 근육이 더 단단해진 느낌이 들었다. 활력도 더 좋았다.

콩이가 워낙 채식 사료를 잘 먹으니까, 물에 불리지 않고 줘 봤다. 채식 사료는 물에 불려서 주지 않아도 끼니마다 주어진 양을 남기지 않고 잘 먹었다. 끼니마다 사료를 물에 불려서 먹이던 1년 6개월 정도의 대장정이 드디어 마무리되었다.

그런데 얼마 지나지 않아 콩이는 채식 사료에도 시큰둥해졌다.

먹기는 다 먹었지만, 먹는 속도가 현저하게 떨어졌다. 나는 다시 사료의 냄새를 자세히 맡아 보았다. 그러고 보니 채식 사료에서도 뭔가 역한 냄새가 미세하게 났다. 이번에는 해초에서 나는 냄새 같았다. 그 냄새는 쉽게 가릴 수 있을 것 같았다. 바나나를 으깬 후 사료를 거기에 비벼서 주었다. 콩이가 냄새를 맡아 보더니 다시 잘 먹기 시작했다. 이후 콩이는 지금까지도 그렇게 채식 사료를 먹고 있다.

그런데 콩이는 채식 사료도 씹지 않고 꿀떡꿀떡 삼켰다. 나는 그 점이 항상 마음에 걸렸다. 콩이가 사료를 씹지 않았던 이유는 몇 년이 지나서야 생각지도 못한 곳에서 알게 되었다.

9.
지속적인 잇몸 출혈

처음 만났을 때부터 콩이의 치아에는 치석이 많이 끼어 있었다. 수의사는 스케일링을 해야 할 정도는 아니라고 했다. 양치질만 열심히 해 주라고 했다. 나는 2년 6개월이 될 때까지 양치질을 한 번도 해 본 적이 없는 콩이가 양치질을 잘 받아들일 수 있을지 염려스러웠다.

처음에는 양치질의 효과를 크게 기대하지 않았다. 콩이가 양치질을 편안하게 받아들이도록 하는 데에만 집중했다. 치약을 고를 때 양치 효과가 얼마나 좋은지는 신경 쓰지 않고 콩이가 좋아할 만한 향이 나는지만 고려했다. 고기 냄새나 생선 냄새는 사료에서도 많이 맡으니까 우선적으로 제외했다. 사료나 간식에서는 맡을 수 없는 향이면서 콩이가 흥미를 느낄 만한 향이 없을지 찾아보았다. 인터넷에서 땅콩 향이 나는 치약을 찾았다. 성분도 괜찮았다. 그 치약을 구입했다.

내 손가락에 치약을 묻혀서 콩이에게 내밀었다. 콩이는 냄새를 맡아 보더니 조심스럽게 핥았다. 기분이 나쁘지 않은 것 같았다. 그 작업을 며칠에 걸쳐서 조금씩 했다. 며칠이 지나자 콩이는 내가 손가락에 치약을 짜면 내 앞으로 재빨리 와서 기다렸다. 치약을 좋아하기 시작했다.

콩이가 그 정도로 치약을 좋아하게 되었을 때 내가 손가락에 치약을 짠 후 그 손가락을 그대로 콩이의 어금니 쪽으로 깊이 넣었다가 얼른 뺐다. 어금니 쪽에서 치약이 조금씩 녹아 나오는지 콩이가 혀로 그쪽을 계속 핥았다. 나는 반대쪽 어금니에도 똑같이 했다. 콩이는 반대쪽도 혀로 핥았다.

그렇게 며칠을 한 후에는 내 손가락에 치약을 짠 다음 콩이의 앞니, 송곳니, 어금니에 슬쩍슬쩍 묻혀 주었다. 콩이는 치약이 여기저기서 녹아 나오니까 좋아했다. 나중에는 내가 콩이의 입 안에 손가락을 넣어 치아의 바깥쪽 면뿐만 아니라 안쪽 면까지 살살이 문질러도 특별히 싫어하지 않았다.

다음에는 칫솔에 치약을 짜서 양치질을 시작했다. 치약도 양치 효과가 좋은 것으로 바꿨다. 치약에서는 더 이상 아무런 냄새가 나지 않았다. 그래도 콩이는 상관하지 않았다. 매끼 식사를 마치고 나면 당연히 양치질을 하는 줄 알았다. 나는 칫솔로 콩이 치아의 바깥쪽 면과 안쪽 면을 전부 살살이 문질러 주었다. 내가 보기에 콩이는 양치질을 하고 나면 개운하다고 느끼는 것 같았다. 그때부터는 그 개운함 때문에 양치질을 좋아하는 것 같았다. 시키지도 않았는데, 양치질이 끝나면 칫솔에다가 자기 혓바닥을 샅샅이 문질러서 혓바닥까지 깨끗하게 닦았다.

그런데 칫솔을 이용하여 양치질을 시작한 후 문제가 발생했다. 양치질만 했다 하면 콩이의 어금니 부근에서 피가 묻어 나왔다. 오른쪽, 왼쪽이 모두 그랬다. 처음에는 그때까지 한 번도 양치질을 안 하던 잇몸이라 잇몸이 약해서 그런 줄 알았다. 손에 힘을 빼고 살살 해 봤다. 그런데 아무리 살살 해도 피가 계속 묻어 나왔다. 칫솔모가 아주 부드러운 칫솔로 바꿔 보기도 했다. 칫솔모가 칫솔 앞에 아주 조금만 달린 칫솔로 바꿔 보기도 했다. 다 소용이 없었다. 나는 콩이의 잇몸이 이미 너무 약해져 있어서 칫솔을 버티지 못한다고 생각했다. 칫솔로 자꾸 자극하면 잇몸에 더 안 좋을 것 같았다. 할 수 없이 칫솔로 양치질하는 건 포기했다.

인터넷에서 찾아보니까 칫솔이 없어도, 바르기만 해도 양치질의 효과가 있다고 하는 치약이 있었다. 그 치약을 구입했다. 내 손가락에 치약을 묻힌 후 콩이의 잇몸과 치아에 문지르듯이 발라 주었다. 매끼 식사 후에는 꼭 양치질을 해 주었다. 그때까지 나는 콩이에게 양치질을 잘해 주고 있다고 자부하고 있었다.

콩이가 우리 집에 온 지 세 달쯤 지난 어느 날이었다. 구청에서 관내 대학교 부속 동물 병원과 협약을 맺고 무료로 강아지들에게 건강검진을 해 주는 행사를 했다. 나는 콩이가 수의대 교수들에게 건강검진을 받을 기회가 또 얼마나 있을까 싶어 열 일 제치고 콩이를 데리고 달려갔다. 그때까지는 콩이의 잇몸에 문제가 있는지 몰랐기 때문에 잇몸과 관련해서 뭔가를 문의할 생각은 없었다. 그냥 기회가 있을 때 수의대 교수들에게 콩이의 전반적인 건강 상태를 점검받으면 좋을 것 같다고 막연히 생각하고 있었다.

그 행사에는 수의대 학생들도 많이 나와서 교수들을 돕고 있었다. 아직 교수들을 만나기도 전인데, 수의대 학생 한 명이 콩이를 먼저 살펴보겠다고 하더니 잇몸이 많이 부었다고 지적했다. 그 말을 듣자 나는 내 자부심에 금이 가는 느낌을 받았다. 기분이 나빴다. 내가 양치질을 얼마나 열심히 해 주는데 그러냐고 되받아쳤다. 그 학생은 나에게 양치질을 얼마에 한 번씩 해 주냐고 물었다. 나는 당당하게 하루 세 번, 식사 후 바로 양치질을 해 준다고 대답했다. 그 학생은 양치질을 그 정도로 자주 해 주면 이렇게 될 수가 없다고 했다. 그 말을 듣자 나는 내 진실성까지 의심받는다는 느낌이 들었다. 기분이 더 나빠졌다.

나와 그 학생이 티격태격하는 소리를 들었는지 다른 강아지를 살펴보고 있던 교수 한 명이 콩이를 자기에게 보여 달라고 했다. 교수는 콩이의 입술을 들춰 보더니 나에게 콩이의 잇몸에 염증이 있다고 하면서 양치질을 더 열심히 해 주라고 했다. 나는 그 자리에서 울고 싶었다. 교수에게 지금도 열심히 하고 있는데 더 열심히 어떻게 하라는 말이냐고 물었다. 내 진심이 통했는지, 교수는 나에게 다른 강아지의 잇몸을 보여주면서 잇몸에 염증이 있는 강아지와 없는 강아지의 잇몸 색이 어떻게 다른지 설명해 주었다. 그렇게 비교해서 보니까 콩이의 잇몸 색이 과할 정도로 빨갛다는 것을 알 수 있었다. 그동안 양치질이 제대로 안 되고 있었다는 것을 그제야 깨달았다.

집에 돌아오면서 양치질이 제대로 안 된 이유가 무엇일지 생각해 보았다. 바르는 치약만으로는 양치질의 효과를 내기가 역부족인 것 같았다. 칫솔이 필요했다. 그동안 사용해 본 강아지용 칫솔 중에는 마땅한 게 없었다. 그렇다고 내 칫솔은 콩이의 입 크기에 비해 너무 컸다.

동네 슈퍼에 다양한 칫솔이 진열되어 있던 게 떠올랐다. 일단 슈퍼로 가서 칫솔들을 전부 살펴보았다. 마침 콩이의 입 크기에 딱 맞는 사람 아기용 칫솔이 있었다. 칫솔모가 너무 억세지도 않고 딱 좋을 것 같았다. 그 칫솔을 샀다. 치약도 다시 양치질의 효과가 좋다는 것으로 바꿨다. 다른 건 몰라도 치약에는 돈을 아끼지 않았다. 제일 좋은 것으로 구입했다. 그때부터는 콩이 잇몸에서 피가 묻어 나와도 무시하고 제대로 양치질을 해 줬다. 다행히 콩이는 크게 거부 반응을 보이지 않았다. 예전처럼 칫솔에다가 혓바닥까지 샅샅이 닦으며 좋아했다.

그렇게 1년이 지났다. 1년 전과 같은 대학교 수의대 교수들이 무료로 강아지들에게 건강검진을 해 주는 행사가 있었다. 나는 콩이를 데리고 달려갔다. 이번에는 콩이의 잇몸을 확인해 달라고 직접적으로 부탁했다. 수의대 학생들과 교수들은 전부 콩이의 잇몸 관리가 정말 잘되어 있다고 감탄하면서 다른 보호자들에게 관리가 잘된 강아지의 잇몸은 이렇다고 콩이의 잇몸을 보여주었다.

콩이의 잇몸이 건강해졌다고 확인을 받은 후 양치질의 횟수를 줄였다. 매일 한 번씩, 아침 식사 후에만 양치질을 해 줬다. 그런데 콩이 잇몸에서는 피가 계속 묻어 나왔다. 양치질 횟수를 줄여도 소용없었다. 만나는 수의사들마다 이유를 물어봤지만, 다들 콩이 잇몸이 잘 관리되고 있다고만 했다. 특별한 이상은 없다고 했다. 할 수 없이 나는 원래 하던 대로 양치질을 계속했다.

칫솔로 양치질을 한 지 2년 하고도 몇 달이 더 지났다. 어느 날 아침에 콩이의 왼쪽 어금니에 양치질을 하고 있는데, 갑자기 뭔가가 칫솔에 걸리더니 툭 하고 밖으로 빠져나왔다. 자세히 보니까 콩이 치아였다. 너무 놀랐다. 처음에는 내가 양치질을 너무 세게 했나 싶었다. 그런데 아무리 생각해 봐도 그렇게까지 세게 하지는 않은 것 같았다. 이상하다는 생각이 들었다. 이후 신기한 일이 벌어졌다. 치아가 빠진 왼쪽 어금니에서는 다음 날부터 양치질할 때 피가 현저히 덜 묻어 나오기 시작했다. 며칠 후부터는 피가 아예 묻어 나오지 않았다.

그런 일이 있고 몇 달 후 같은 일이 한 번 더 벌어졌다. 오른쪽 어금니에 양치질을 하고 있었는데, 또 치아가 툭 하고 빠져나왔다. 그러더니 양치질할 때 칫솔에 피가 덜 묻어 나오기 시작했다. 며칠 지나니까 오른쪽 어금니에서도 피가 아예 묻어 나오지 않았다.

그때부터 콩이가 사료를 먹을 때 가끔 씹는 소리가 들렸다. 자세히 보니까 콩이가 어금니로 사료를 씹어 먹고 있었다. 그때까지 콩이는 사료 이외에 다른 음식들도 전부 씹지 않고 꿀떡꿀떡 삼켰었다. 그래서 대변에 음식 덩어리가 그대로 나오는 일이 많았다. 그게 안쓰러워서 나는 콩이에게 음식을 줄 때 전부 내가 잘게 씹어서 주고 있었다. 콩이가 사료를 씹어 먹는 것을 본 후 나는 다른 음식들도 콩이 입에 들어갈 정도의 크기로만 대충대충 잘라서 줘 봤다. 콩이는 원래 앞니로만 조금 우물거리다가 그냥 삼켰었는데, 그때부터는 앞니로 씹어 보다가 잘 안되면 어금니 쪽으로 밀어 넣어 씹었다. 입이 짧았던 콩이는 그제야 이런저런 음식들에 관심을 보이기 시작했다.

그걸 보고서 나는 콩이 어금니 쪽에 안 빠지고 남아 있던 유치가 흔들리고 있어서 콩이가 그쪽으로 음식을 씹으면 아프니까 음식을 씹지 않고 삼켰던 것이 아니었을까 추정했다. 수의사에게 찾아가서 잔존 유치가 빠진 건지, 영구치가 빠진 건지 콩이의 치아 개수를 확인해 달라고 했다. 수의사는 안쪽 깊숙한 치아는 눈으로 확인할 수 없다고 하면서 정확한 것은 엑스레이를 찍어 봐야 안다고 했다. 나는 이제 콩이 잇몸에서 피도 안 묻어 나오고 콩이가 음식도 잘 씹어 먹는데 내 궁금증을 해결하려고 콩이에게 방사선을 쬐게 하고 싶지는 않았다. 그래서 검사는 하지 않았다. 그때 빠진 콩이의 치아 2개가 잔존 유치였는지 영구치였는지는 아직 미지수로 남아 있다.

10.
털이 핏빛으로 물드는 증상

지금은 콩이 몸에 핏빛으로 물든 털이 하나도 없지만, 처음에는 발가락 주변의 털들이 전부 핏빛으로 물들어 있었다. 미용을 하면 깨끗해졌다가 조금 지나면 다시 핏빛으로 변했다. 나는 그동안 길에서 그런 강아지들을 많이 보았었다. 강아지에 따라 일부 털이 원래 그렇게 변색되는 강아지들도 있고 그렇지 않은 강아지들도 있는 줄 알았다. 크게 개의치 않았다.

그런데 콩이가 우리 집에 온 후 2년도 더 지나서 반려동물 행사에 갔다가 봉사 활동을 나온 수의사를 통해 새로운 사실을 알았다. 수의사는 콩이를 보자마자 콩이에게 알레르기가 있다고 했다. 나는 당황스러웠다. 무슨 수의사가 혈액 검사도 안 한 상태에서 겉모습만 보고 "알레르기"라는 말을 꺼내는지 이해가 안 되었다. 그렇게 겉모습만 보고 알 거였으면 그동안 콩이를 봤던 수많은 수의사들과 수의대 교수들은 왜 아무 말도 안 했을까 싶었다.

내가 수의사를 의심의 눈초리로 보는 걸 수의사도 눈치챈 것 같았다. 좀 더 적극적으로 나에게 설명하기 시작했다. 콩이의 발가락 주변에 난 털들이 핏빛으로 물든 것을 가리켰다. 알레르기 증상이라고 했다. 평소에 콩이가 그 부분을 자주 핥지 않냐고 물었다. 나는 콩이가 그 부분을 핥는 것을 가끔 보긴 했는데 털이 젖을 정도로 심하게 핥는 것은 아니라고 했다. 그냥 그루밍하는 수준이라고 했다. 수의사는 내 말을 듣더니 콩이가 가려워서 핥았을 거라고 했다.

나는 여전히 수의사의 말을 받아들이기가 어려웠다. 그래도 혹시 몰라서 속는 셈 치고 무엇에 대한 알레르기냐고 물어봤다. 수의사는 콩이에게 먹이는 게 뭐가 있냐고 물었다. 그때까지 콩이는 입이 짧아서 음식에 관심이 별로 없었다. 다양한 음식을 주고 싶어도 먹지를 않으니까 줄 수가 없었다. 콩이가 먹는 음식은 단촐했다. 채식 사료 외에는 강아지 유산균과 강아지 우유, 바나나, 건조 블루베리, 반건조 고구마 정도였다. 수의사는 내 말이 끝나기가 무섭게 고구마를 집어냈다.

그 말이 더 황당했다. 오프라인 판매점에 가 봐도 그렇고 동물병원에 가 봐도 그렇고 고구마는 강아지 대표 간식이었다. 안 파는 곳이 없었다. 어디에서나 보편적으로 팔리고 있는 강아지 간식이 강아지에게 알레르기를 일으킨다는 말을 믿을 수가 없었다.

내가 수의사의 말을 믿지 못하고 머뭇거리자, 수의사가 나에게 1주일만 고구마를 끊어 보면 자기가 하는 말이 무슨 말인지 알 수 있을 거라고 했다.

고구마를 끊는 것은 내키지 않았다. 고구마가 없으면 당장 뭘 가지고 노즈워크를 시키나 싶었다. 그 당시에 콩이는 입이 많이 짧은 상태였다. 사료도 수없이 바꿔서 겨우 잘 먹는 걸 찾은 상태였다. 그나마 콩이가 잘 먹는 거라고는 바나나, 고구마, 블루베리뿐이었다. 그런데 바나나는 물기가 있고 미끄러워서 노즈워크에 부적합했다. 블루베리로 노즈워크를 하면, 블루베리의 보라색 물이 사방팔방 묻었다. 그래서 콩이는 반건조 고구마를 잘게 자른 조각으로 노즈워크를 하고 있었다.

그렇다고 수의사의 말을 모른 척하고 지나가기는 쉽지 않았다. 만약 정말로 콩이에게 고구마 알레르기가 있으면 어쩌나 하는 생각이 자꾸 들었다. 노즈워크를 잠깐 쉰다고 콩이에게 크게 해가 될 일은 없었다. 두고두고 찝찝한 것보다는 그 시점에서 확실하게 해 두고 넘어가는 게 좋을 것 같았다. 길어야 1주일이니까 한 번만 끊어 보기로 했다.

1주일까지 갈 것도 없었다. 고구마를 완전히 끊은 후 2, 3일 만에 신기하게도 핏빛이 옅어지기 시작했다. 1주일쯤 되니까 핏빛이 눈에 띄게 사라졌다. 콩이가 더 이상 발가락 사이를 핥지도 않았다.

그때부터 콩이에게 고구마를 아예 주지 않았다. 누군가가 주겠다고 해도 콩이에게 고구마 알레르기가 있어서 안 된다고 하면서 받지 않았다. 콩이에게 주려고 많이 만들어 놓았던 반건조 고구마는 주변에 나눠 주었다.

몇 주가 지났다. 미용할 때가 되어서 콩이 발가락 주변에 흐릿하게 남아 있던 핏빛 털까지 모두 깎아 냈다. 이후 콩이 발가락 주변에서 새로 난 털들이 핏빛으로 물드는 일은 더 이상 일어나지 않았다. 발가락 사이가 항상 흰색으로 깨끗하게 유지되었다. 속이 다 시원했다.

이후 몇 달이 지난 어느 날이었다. 쓸데없는 생각이 들었다. 고구마를 끊은 것과 콩이의 발가락 주변에서 핏빛 털이 사라진 것이 우연의 일치였을 수도 있다는 생각이었다. 딱 한 번만 더 확인해 보고 싶었다. 콩이에게 고구마를 조금씩 줘 봤다. 콩이는 고구마를 기억하고 있었다. 오랜만에 먹으니까 웬 떡인가 싶은 표정으로 잘 먹었다. 콩이가 잘 먹으니까 내 기분도 좋았다.

그런데 고구마를 다시 주기 시작한 지 2, 3일 정도 지나자, 콩이 발가락 주변의 털이 핏빛으로 변하기 시작했다. 고구마 때문에 그랬던 게 확실했다. 이후로 다시는 콩이에게 고구마를 주지 않고 있다.

11.
반복되는 염좌

그날도 평소처럼 산책을 다녀오자마자 콩이 발을 비누와 물로 씻기고 있었다. 네 발을 차례로 씻기다가 오른쪽 앞발을 문지를 때였다. 콩이가 발을 급하게 빼면서 움츠러들었다. 평소에는 안 하는 행동이었다. 한 번 더 오른쪽 앞발을 앞으로 당기자, 콩이가 다시 급하게 빼면서 움츠러들었다. 할 수 없이 콩이 몸을 앞으로 더 숙여서 오른쪽 앞발을 마저 살살 씻기고 얼른 나왔다.

콩이를 바닥에 내려놓고 가만히 보니까, 콩이가 오른쪽 앞발을 살짝 절었다. 콩이를 품에 안은 후 오른쪽 앞발의 발가락들을 하나씩 따로 만져 보았다. 세 번째 발가락과 네 번째 발가락 사이를 만지자, 콩이가 좀 전에 씻을 때 하던 것처럼 발을 급하게 뺐다.

동물 병원으로 갔다. 수의사는 콩이가 높은 데서 뛰어내리거나 하지는 않았는지 물었다. 집안에서는 그런 일이 있을 수 없었다. 우리 집에는 소파도 없고 침대도 없다. 산책 코스를 되짚어 봤다. 그때까지 콩이는 정해진 시간에 정해진 산책 코스를 돌았다. 산책 중에 평소와 다른 특별한 일을 한 것도 없었다. 수의사는 혹시 모르니까 엑스레이를 찍어 보자고 했다. 엑스레이 판독 결과 다행히도.뼈가 다친 것은 아니었다. 수의사는 염좌 치료 약을 줄 테니까 콩이에게 먹이고 1주일 정도 운동은 시키지 말라고 했다.

집에 와서 혼자 콩이가 왜 발을 삐었을지 온갖 생각을 다 해 봤다. 만약 위험 요소가 있는데 그동안 모르고 다니고 있었다면 이후로도 이런 일이 반복될 수 있기 때문이었다. 콩이의 산책 코스를 머릿속으로 하나하나 천천히 되짚어 보면서 콩이가 발을 삘 만한 곳이 있는지 점검했다. 아무리 생각해 봐도 특별히 위험한 곳이 없었다.

할 수 없이 콩이가 직전 산책에서 조금이라도 평소와 다른 행동을 했던 게 없었는지 기억을 더듬어 보았다. 가만히 생각해 보니까 내리막길에 있는 긴 배수로를 지날 때 콩이가 점프를 해서 뛰어넘었는데 착지를 하자마자 걷는 모양새가 잠깐 이상했었다는 기억이 났다.

이해가 안 되었다. 그곳은 산책할 때 항상 지나다니는 곳이었다. 그 배수로가 폭이 넓은 편도 아니었다. 콩이가 평소에 그보다 폭이 좀 더 넓은 배수로도 아무렇지 않게 점프해서 뛰어넘는데 그곳에서 발을 삐었다는 게 이상했다.

콩이가 그 배수로에서 점프한 후 착지할 때의 모습을 머릿속에서 슬로 모션으로 돌려 보았다. 그 배수로는 경사가 좀 심한 내리막길에 있었다. 그 상태에서 콩이가 착지하는 모습을 천천히 살펴보니 콩이의 앞발에 체중이 전부 실리는 게 보였다. 심지어 경사 때문에 콩이의 체중이 발바닥 전체에 분산되는 것이 아니라 발가락 쪽으로 급하게 몰렸을 것 같았다.

그런데 이해가 안 되는 게 한 가지 더 있었다. 평소에는 멀쩡하게 다니던 길인데 왜 그날 거기서 발을 삐었을까 싶었다. 그때 번쩍 떠오르는 생각이 있었다. 그 당시에 콩이 체중이 약간씩 불어나고 있었다. 평소에는 4.4kg을 유지하고 있었는데, 그때 콩이는 4.5kg을 막 넘어서고 있었다. 나는 콩이의 발가락 인대가 버틸 수 있는 최대 체중이 4.4kg인가 하는 생각이 그때 처음 들었다.

확실한 것은 아니었지만, 가능성이 충분히 있었다. 그냥 방치할 수는 없었다. 콩이의 체중이 불어난 이유가 무엇일지 생각해 보았다. 사료는 내가 식사 때마다 주방용 저울로 정확하게 무게를 재어서 주기 때문에 체중 증가에 영향을 미칠 수가 없었다. 바나나가 떠올랐다. 콩이가 바나나만 있으면 사료를 잘 먹어서 당시에 사료를 줄 때 바나나를 평소보다 조금씩 더 주고 있었다. 바나나 때문에 체중이 증가한 게 분명했다. 바나나의 양을 원래대로 줄였다.

수의사는 1주일 동안 콩이에게 운동을 시키지 말라고 했지만, 체중 증가가 원인일 수 있는데 운동량을 늘리지는 못할망정 줄일 수는 없었다. 발을 약간씩 절룩거리는 콩이를 데리고 밖에 나가서 살살 걷게 했다. 대신 배수로가 나타나면 평지에 있는 배수로라고 하더라도 점프해서 뛰어넘지 못하게 했다. 배수로 앞에서 걸음을 멈추게 한 뒤 내가 안고 건넜다. 계단도 올라갈 때는 혼자 올라가게 하고 내려갈 때는 내가 안고 내려갔다. 평지에서도 콩이의 걸음 속도가 빨라지려고 할 때는 발이 아프니까 1주일 동안은 천천히 걸어야 한다고 하면서 빠르게 걷지 못하게 했다.

염좌 치료 약의 효과가 빠른 건지 콩이는 하루 정도 발을 절룩거리더니 다음 날부터는 멀쩡하게 돌아다녔다. 발을 씻을 때도 아무렇지도 않아 했다. 바나나의 양을 줄이니까 체중도 금방 빠졌다. 며칠 사이에 4.3kg이 되었다. 그 상태로 식사량과 운동량을 유지했다. 체중은 4.3kg에서 4.4kg 사이를 유지했다. 체중이 조금 내려가자, 콩이의 움직임이 한결 가벼워 보였다.

이후 정확히 1년이 지났을 때 같은 일이 또 벌어졌다. 그날의 마지막 산책인 네 번째 산책을 위해 콩이를 안고 집 근처에 있는 작은 공원으로 갔다. 날은 이미 어두워져 있었다. 그 당시에 콩이는 흙이 있어야만 볼일을 봤다. 포장된 도로에서는 볼일을 안 보려고 했다. 흙이 있는 공원 안쪽으로 갔다. 안고 있던 콩이를 흙바닥에 내려놓았다.

콩이 발이 흙바닥에 닿는 순간 뭔가 묵직한 것이 "뚝" 하고 부러지는 소리가 짧게 한 번 들렸다. 나는 그게 콩이 발에서 난 소리인지 지금도 잘 모르겠다. 콩이 발에서 난 소리라고 하기엔 소리가 너무 컸다. 그런데 주변을 아무리 살펴봐도 그런 소리가 날 만한 물건이 없었다.

내가 어리둥절해하고 있는데, 콩이가 볼일을 보지 않고 살살 걸어서 내 쪽으로 왔다. 걸어오는 모양새가 평소와 달랐다. 발을 살금살금 조금씩 떼면서 아주 천천히 걸어왔다. 그때까지만 해도 나는 콩이가 발이 아파서 그렇게 걷는다고는 생각을 못 했다. 그냥 좀 이상하다고만 생각했다.

콩이를 안아서 다시 흙바닥에 내려놓았다. 발이 흙바닥에 닿는 순간 콩이가 외마디 비명을 질렀다. 콩이를 키우면서 처음 듣는 소리였다. 놀라서 얼른 콩이를 안아 올렸다. 네 발을 전부 샅샅이 살펴보았다. 외상은 없었다. 바로 옆으로 자리를 옮겨 포장된 바닥에 콩이를 살살 내려놓았다. 콩이는 가만히 서서 움직이지 않았다. 내가 뒤로 물러나서 콩이를 불러 보았다. 콩이는 내 쪽으로 급하게 몸을 움직였다. 왼쪽 앞발을 심하게 절었다. 발이 아픈지 몇 걸음 못 걷고 그 자리에 멈춰 섰다.

순간적으로 나는 처음 콩이를 흙바닥에 내려놓았을 때 들었던 그 소리가 떠올랐다. 콩이 왼쪽 앞발이 부러지는 소리였다는 생각이 들었다. 그런데 이상했다. 뼈가 부러질 만큼 콩이를 세게 내려놓지도 않았고, 콩이를 내려놓은 지점에 뭔가 장애물이 있었던 것도 아닌데, 뼈가 왜 부러졌는지 알 수가 없었다.

이유가 어찌 됐든 뼈가 부러졌다면 빨리 동물 병원으로 가야 했다. 가만히 서 있는 콩이를 다시 안아 올렸다. 동물 병원에 가기 전에 왼쪽 앞발을 한 번 더 살살 만져 보았다. 뼈가 부러졌다면 콩이가 자지러질 테니까 콩이를 단단히 붙잡고 만졌다. 그런데 의외로 콩이가 멀쩡했다. 내가 좀 더 세게 주물러도 콩이가 가만히 있었다. 나중에 생각해 보니까 그때 내가 주무르는 동안 삐었던 부분에 잠깐 마사지가 되었던 것 같다.

내가 주무르는데도 특별한 반응이 없어서 콩이를 다시 깨끗한 바닥에 살살 내려놓았다. 콩이는 멀쩡하게 걸어서 흙이 있는 곳으로 들어가더니 볼일을 보고 나왔다. 나는 어이가 없었다. 콩이가 다시 멀쩡하게 걸어 다니는 걸 보니 밤중에 굳이 동물 병원에 가야 하나 싶었다. 며칠 지켜보기로 하고 콩이를 안고 공원에서 나왔다.

집 방향과 동물 병원 방향으로 나뉘는 공원 앞 교차로에서 집 방향으로 들어섰다. 그 순간 콩이가 또 외마디 비명을 질렀다. 그날만 벌써 두 번째 비명이었다. 얼른 콩이의 얼굴을 살폈다. 안색이 사색이 되어 있었다. 그때부터 콩이는 내가 불러도 나를 보지 않았다. 눈을 힘겹게 겨우 뜨고 아래를 보면서 왼쪽 앞발을 바들바들 떨었다.

나는 콩이를 안고 동물 병원으로 달렸다. 동물 병원에 도착하니 먼저 와서 진료를 기다리는 사람들이 많았다. 콩이는 여전히 힘없이 늘어져서 왼쪽 앞발을 바들바들 떨고 있었다. 지금 와서 생각해 보면 좀 우습지만, 나는 그때 콩이가 응급 상황이라고 생각했다. 몇 분 대기하다가 도저히 안 되겠어서 접수대에 가서 조심스럽게 말을 꺼냈다. 응급 상황인데도 차례를 전부 기다려야 하는 거냐고 물었다. 접수대에 있던 간호사는 나에게 자기 강아지도 그런 적이 많다고 하면서 콩이는 응급 상황이 아니라고 했다. 나는 콩이가 응급 상황이 아니라는 말만 들어도 안심이 되었다.

수의사는 콩이를 살펴보더니 뼈가 부러진 건 아닌 것 같다고 했다. 콩이가 걷는 모습을 보고 싶다고 했다. 콩이를 바닥에 내려놨지만, 내가 아무리 불러도 콩이는 꼼짝도 하지 못했다. 할 수 없이 온갖 검사를 다 했다. 뼈에는 아무 이상이 없었다. 염좌 치료 약을 받아서 집으로 왔다.

이번에도 콩이가 왜 발을 삐었을까를 혼자 곰곰이 생각해 봤다. 최근 들어 콩이의 걸음걸이가 예전같이 가볍지 않고 약간 뒤뚱거리는 느낌이 있었다는 기억이 떠올랐다. 콩이 체중을 재어 봤다. 아니나 다를까 4.5kg이었다. 1년 전 내 추정이 맞았다. 콩이의 발가락 인대가 버틸 수 있는 최대 체중은 4.4kg이었다.

반성 모드로 들어갔다. 1년 가까이 콩이 발에 아무 문제도 일어나지 않자 내 마음이 조금 해이해져 있었다. 1년 전에 발이 삐었던 것이 체중 증가 때문인지 아닌지 확실하지 않다는 생각도 한몫했다. 1년 전에 그랬듯이 그때도 콩이에게 바나나를 평소보다 조금씩 더 주고 있었다. 그런 작은 생각들과 행동들이 모여 콩이 체중이 4.5kg이 되었고, 결국 콩이는 발을 한 번 더 삐었다.

  그 후로 나는 콩이 체중이 4.4kg을 넘으면 안 된다는 생각에 확신을 가지게 되었다. 사실 콩이 체중이 4.4kg 이하로 내려가면 지나가는 사람들이 콩이가 말라 보인다고 이야기한다. 콩이는 4.5kg이 되어도 뚱뚱해 보이지는 않는다. 콩이가 4.5kg이 되었다고 해서 동물 병원에서 비만이라는 이야기를 들어 본 적은 없다.

  그래도 나는 콩이 체중이 4.4kg을 넘지 못하도록 관리하고 있다. 만약 콩이 움직임이 조금이라도 둔해진 것 같으면 일단 배수로를 점프해서 뛰어넘거나 계단에서 혼자 내려가는 것을 못 하게 한다. 체중을 재어 봐서 4.4kg이 넘으려고 하면 며칠 동안 바나나의 양을 조금 줄인다. 그러면 체중이 바로 4.4kg 아래로 내려간다. 체중이 내려간 걸 확인한 후에는 콩이가 배수로를 뛰어넘든 계단을 혼자 내려가든 알아서 하게 내버려둔다. 이렇게 조심한 이후로 콩이가 발을 삔 적은 한 번도 없다.

12.
공복 토

가장 오랫동안 콩이와 나를 힘들게 했던 문제는 공복 토였다. 콩이는 자다가 새벽에 갑자기 깨어서 토를 했다. 콩이가 처음 토했을 때 나는 너무 놀랐다. 인터넷에서 강아지 토에 대해 검색해 보았다. 콩이의 토는 노란색이었는데, 노란색 토는 공복에 위산이 역류해서 그런 거라고 했다. 강아지 건강을 크게 걱정하지 않아도 된다고 했다. 그래도 나는 혹시 몰라 동물 병원에도 가서 물어봤다. 수의사도 내가 인터넷에서 본 것과 같은 말을 했다.

한 번 그러고 말 줄 알았는데, 시간이 갈수록 토를 하는 간격이 점점 줄어들었다. 토가 시작되면 바로 토하는 것도 아니었다. 토하기 전에 한참 동안 구역질도 했다. 구역질을 할 때는 배가 등까지 말려 들어갔다. 너무 괴로워 보였다. 구역질을 하면서도 콩이는 어떻게든 토를 하지 않으려고 하는 것 같았다. 올라오는 토를 자꾸 삼켰다.

토를 할 때 보면 배려심이 많은 콩이의 성격이 그대로 드러났다. 아무리 괴로워도 아무 데나 토를 하지 않았다. 구역질을 하면서도 뱅글뱅글 돌아다니면서 계속 토할 자리를 찾았다. 토를 해 놓은 것을 보면 최대한 나에게 피해를 주지 않으려고 자리를 찾고 있었다는 것을 알 수 있었다. 우리 집은 바닥재가 데코 타일이어서 자칫 잘못하여 타일 틈에 토가 들어가면 닦기가 힘들어진다. 그런데 콩이가 토를 해 놓은 걸 보면 위치를 정말 예술적으로 잡았다는 생각이 들었다. 매번 주변으로 흘러내리지 않게 타일 위에 깨끗하게 토를 해 놓았다. 양이 많을 때는 두세 번에 나눠서 토를 했다.

새벽에 자다가 콩이가 구역질하는 소리에 깨서 콩이를 보살피다 보면 나도 잠을 설쳤다. 몸이 아픈 상태에서 새벽 수면 시간까지 줄어드니까 몸에서 기력이 점점 빠지는 느낌이 들었다. 콩이를 위해서뿐만 아니라 나를 위해서도 공복 토 문제는 빨리 해결하고 싶었다.

인터넷에 찾아보니까 강아지가 장이 안 좋으면 공복 토를 한다는 이야기가 있었다. 강아지 유산균이 있다는 것을 그때 처음 알았다. 그때부터 유산균을 6년 동안이나 꾸준히 먹였다. 중간에 종류를 한 번 바꾸기도 했다. 그런데 유산균은 공복 토에 효과가 없었다.

콩이는 대부분 집에서 자다가 토를 했는데, 가끔 아침에 산책을 나갔을 때 밖에서도 했다. 한번은 콩이를 이뻐하는 동네 아줌마가 콩이가 공원에서 산책하다가 갑자기 토하는 모습을 봤다. 아줌마는 기겁하면서 나에게 동물 병원에 가 봤냐고 했다. 나는 수의사들이 공복 토는 건강에 이상 없다고 했다고 대답했다. 아줌마는 사람도 토하면 괴로운데 작은 강아지가 토하면 얼마나 괴롭겠냐고 하면서 당장 해결해 줘야 한다고 했다. 나는 수의사들이 다 괜찮다고 하는데 내가 무슨 수로 해결하냐고 했다.

아줌마는 내 이야기를 들더니 아줌마가 강아지를 키울 때 강아지 한약을 지어 주는 약국에 다녔었다고 하면서 그 약국을 소개해 주었다. 나는 그 약국에 가서 콩이의 증상을 말하고 강아지 한약을 사 왔다. 약사가 시키는 대로 콩이에게 2주 정도 먹여 보았다. 강아지 한약도 콩이에게는 효과가 없었다. 약사도 콩이에게 한약을 더 먹이라고 권하지는 않았다.

이후로 몇 년이 흘렀다. 콩이가 토하는 간격이 점점 줄어들더니 그때쯤에는 거의 매일 토를 했다. 그 정도까지 되니까 나는 가만히 있을 수가 없었다. 반려동물 행사마다 강아지들에게 무료 건강검진을 해 준다고 하면 콩이를 데리고 달려갔다. 여러 수의사들을 만나다 보면 지난번에 강아지 알레르기에 정통한 수의사를 만났듯이 이번에는 강아지 공복 토에 정통한 수의사를 만날 수 있을지도 모른다고 생각했다.

한번은 수의사가 세 명이나 동시에 나와 있는 반려동물 행사에 갔다. 그 수의사들에게 콩이가 토한 결과물을 찍은 사진을 보여주면서 치료 방법이 있을지 물어보았다. 수의사들은 한결같이 공복 토라고 하면서 특별히 걱정하지 않아도 된다고만 했다. 나는 울고 싶었다. 다리에 힘이 풀려서 일어날 수도 없었다.

망연자실해서 앉아 있는 나를 보더니 그제야 한 수의사가 조심스럽게 말을 꺼냈다. 효과가 있을지는 모르겠지만 강아지 소화기를 튼튼하게 해 주는 경락 마사지가 있는데, 꾸준히 해 보면 공복 토에 도움이 될지도 모른다고 했다. 나는 지푸라기라도 잡는 심정으로 열심히 할 테니까 가르쳐 달라고 했다. 어렵지 않았다. 강아지의 목이 시작되는 지점에서부터 척추의 중간 부분까지 손에 힘을 약간만 주면서 몇 번 쓸어내리면 되었다. 그런데 경락 마사지를 아무리 해도 공복 토가 멈추지는 않았다.

한번은 새벽 3시에 콩이가 공복 토를 하는데, 토에 피가 섞여서 나왔다. 나는 너무 놀라서 토한 결과물의 사진을 찍었다. 다음 날 아침에 콩이를 데리고 동물 병원에 가서 수의사에게 사진을 보여주었다. 수의사는 이번에도 그냥 공복 토라고 했다. 토를 너무 자주 하다 보니까 식도 근처에 상처가 조금 난 것 같다고 했다. 위산 억제제를 쓰는 게 좋겠다고 했다.

나는 콩이 뱃속에서 위산이 많이 나온다면 이유가 분명히 있을 텐데 이유도 모르는 상태에서 위산이 안 나오게 하는 약을 쓰고 싶지는 않았다. 또 위산이 몸에서 하는 기능이 한둘이 아닐 텐데 위산을 강제로 안 나오게 하면 지금까지는 없었던 다른 문제가 생기는 게 아닐지 그것도 걱정되었다.

내가 이런 뜻을 전하자, 수의사는 나에게 콩이한테 밥을 몇 번에 나눠서 주냐고 물었다. 나는 세 번이라고 대답했다. 수의사는 시간은 정확히 지켜서 주냐고 물었다. 나는 그렇다고 대답했다. 수의사는 아침밥을 몇 시에 주냐고 물었다. 나는 새벽 6시에 준다고 대답했다. 수의사는 콩이가 공복 토를 보통 몇 시에 하냐고 물었다. 나는 콩이가 토할 때마다 날짜와 시간을 기록해 놓고 있었다. 그 당시에는 콩이가 새벽 6시를 전후해서 토한 적이 많았다. 기록해 놓은 자료를 수의사에게 보여주었다. 수의사는 콩이가 아침밥 시간에 맞춰서 위산이 폭발적으로 분비되다 보니까 그런 것 같다고 하면서 아침밥 시간을 당겨 보면 어떻겠냐고 했다.

안 그래도 처음에는 오전 8시에 아침밥을 주다가 공복 토 때문에 한 시간씩 당겨서 그 당시에는 6시에 주고 있었던 것이었는데, 더 당기라고 하니 부담이 되었다. 그래도 수의사가 권하는 대로 해 보기로 했다. 다음 날부터는 새벽 5시에 콩이에게 아침밥을 주었다. 콩이는 며칠 공복 토를 안 했다. 그런데 며칠이 지나자, 이번에는 새벽 5시를 전후해서 공복 토를 했다.

나는 한 번만 더 해 보자는 심정으로 새벽 4시에 콩이에게 아침밥을 주었다. 콩이는 며칠 공복 토를 안 하더니 또 새벽 4시를 전후해서 공복 토를 했다. 게다가 아침밥 시간을 당기면 당길수록 공복 토가 심해졌다. 토의 양이 엄청나게 늘어났다.

그 방법도 실패로 끝났지만, 그 과정에서 나는 한 가지 패턴을 알게 되었다. 아침밥 시간이 당겨질수록 공복 토가 심해졌다. 왜 그런지 생각해 봤다. 아침밥 시간이 당겨지면 밤에 공복을 유지하는 시간은 짧아졌다. 전날 저녁 식사를 하고 다음 날 아침 식사를 할 때까지 공복 시간이 원래는 12시간이었는데, 아침 식사 시간을 당긴 후 10시간까지 줄어들었다. 그런데 그만큼 낮에 식사와 식사 사이의 공복 시간이 길어졌다. 아침 식사와 점심 식사, 점심 식사와 저녁 식사 사이의 간격이 원래는 6시간이었는데 나중에는 7시간까지 늘어났다. 그리고 그렇게 하니까 공복 토가 심해졌다. 결국 밤에 공복 시간이 줄어들수록, 낮에 식사와 식사 사이의 공복 시간이 길어질수록 공복 토가 심해졌다.

나는 거꾸로 해 보면 어떨까 싶었다. 밤 공복 시간을 원래대로 12시간에 맞추고, 낮에 식사와 식사 사이의 간격을 4시간으로 줄였다. 원래는 밥을 하루에 세 번 줬는데, 이번에는 네 번에 걸쳐서 줬다. 그렇다고 식사량을 늘릴 수는 없었다.(**식사량을 늘릴 수 없었던 이유는 바로 앞 '11. 반복되는 염좌'에 나와 있다.**) 총 식사량은 그대로 유지했다. 세 끼에 나눠서 주던 전체 식사량을 네 끼로 나눠서 한 끼에 주어야 할 식사량을 계산했다.

처음에는 이 방법에 확신이 없었다. 밤 공복 시간을 10시간까지 줄였을 때도 콩이가 공복 토를 했는데, 다시 12시간으로 늘이면 낮에 무슨 수를 써도 소용없을 줄 알았다. 그래도 다른 방법이 없으니까 이 방법이라도 해 보자는 심정으로 시작했다.

결과는 대성공이었다. 공복 토가 완전히 사라졌다. 이후로 콩이는 공복 토를 하지 않았다. 추가로 더 좋아진 것도 있었다. 한 번에 먹는 식사량이 줄어드니까 콩이가 끼니마다 밥을 너무 잘 먹었다.

그런데 콩이가 공복 토를 안 한 지 1년 정도 지나자, 내 마음도 슬슬 해이해졌다. 하루에 네 번씩 밥을 주는 건 같았지만, 식사 시간을 예전처럼 아주 철저하게 지키지는 못했다. 그러다 보니 식사와 식사 사이의 간격이 4시간으로 지켜지지도 않았고, 밤 시간대의 공복 시간이 12시간으로 지켜지지도 않았다. 하지만 식사 시간이 좀 바뀌어도 콩이가 공복 토를 하지는 않았다.

사실 하루에 네 번씩 식사를 챙기는 일이 쉽지만은 않다. 콩이가 공복 토를 하지 않는 기간이 길어질수록 나는 쓸데없는 생각이 들기 시작했다. 콩이의 공복 토가 멈춘 것이 밥을 하루에 세 번 주던 것에서 네 번 주는 것으로 변경한 것 때문일 수도 있지만, 그동안 내가 콩이에게 밥을 잘 챙겨 먹인 덕분에 콩이 위장이 튼튼해졌기 때문일 수도 있다는 생각이 들었다. 우연히 콩이 위장이 튼튼해진 시점에 내가 밥을 주는 횟수를 늘렸고, 그래서 마치 밥을 주는 횟수를 늘려서 콩이의 공복 토가 멈춘 것처럼 된 것일 수 있다고 생각했다. 굳이 네 번까지 안 줘도 되는데 괜한 노력을 하는 게 아닐까 싶었다. 그러다 보니 마음이 점점 더 해이해졌다.

9개월 정도 시간이 더 흘렀을 때였다. 마침 급한 사정이 생겨서 콩이에게 밥을 네 번까지 챙겨 주지 못할 일이 벌어졌다. 밥을 세 번에 나눠서 줬다. 하루에 주는 총 식사량은 같아야 하니까 한 끼에 주는 식사량을 늘렸다. 그렇게 이틀이 지났는데, 콩이가 새벽에 다시 구역질을 했다. 한두 번에 멈추질 못하고 너무 오래, 심하게 했다. 공복 토가 사라진 지 1년 9개월 만에 처음 있는 일이었다.

 이런 일련의 일들을 겪은 이후로 나는 새로운 사실을 알게 되었다. 식사 시간도 그렇지만, 한 끼에 먹는 식사량이 콩이의 공복 토에 더 큰 영향을 미치고 있었다. 콩이는 한 번에 소화할 수 있는 음식량이 매우 적은 것 같았다. 그러니까 하루에 먹어야 하는 식사량을 세 번 만에 다 먹으면 위장에 부담이 많이 주어지고, 그것 때문에 새벽에 위산이 과도하게 분비되어 공복 토를 하는 것이었다. 이것을 깨달은 이후 나는 콩이에게 밥을 주는 데에 요령이 생겼다. 한 끼에 주는 식사량에 상한선을 정했다. 이렇게 하니까 식사 시간이 조금 달라져도 콩이가 공복 토를 하는 일이 아예 없었다.

 그런데 이후로 콩이의 공복 토에 대해 좀 더 구체적으로 알게 된 일이 발생했다. 공복 토를 안 하는 기간이 길어지면서 언젠가부터 콩이가 먹는 것에 자신감을 보이기 시작했다. 정량의 사료를 다 먹은 후 그 자리에서 추가로 다른 음식을 많이 먹을 때도 있었다. 그런데 그렇게 며칠을 반복해도 공복 토를 하지 않았다. 한 끼에 먹는 식사량이 폭발적으로 늘어났는데도 공복 토를 하지 않는 것이었다. 가만히 보니까 사료만 일정 수준 이상으로 먹지 않으면 콩이가 공복 토를 하지 않았다. 콩이의 위장에 많은 부담을 주었던 것은 사료였다.

이것을 알고 나니까 당장 사료를 끊고 싶었다. 그런데 나는 강아지에게 어떤 영양소가 얼마나 필요한지 정확히 알지 못했다. 자칫하면 공복 토를 막으려다가 영양 불균형으로 인한 문제를 일으키게 될까 봐 걱정되었다. 내가 몸만 덜 아파도 어떻게든 해 보겠는데, 내 몸이 끼니마다 영양소 균형을 맞춰 가면서 강아지용 음식을 만들 수 있는 상태가 아니었다.

속상했지만, 사료를 계속 먹일 수밖에 없었다. 다만 사료는 영양소의 균형을 지켜 준다는 의미에서 최소한의 양만 주었다. 대신 콩이가 좋아하는 음식은, 강아지에게 해롭지만 않다면, 자유롭게 먹게 해 주었다. 이렇게 해서 우리는 마지막으로 남아 있던 공복 토 문제에서도 완전히 벗어났다.

세상 이야기

1.
주장: 강아지는 잘 짖어야 한다고 주장하는 사람들

콩이는 1년에 한두 번 짖는다. 짖어도 다른 소형견들처럼 "왈왈왈" 짖지 않고 마치 대형견처럼 낮고 크게 한 번 "웡!" 짖는다. 콩이가 짖을 때는 심하게 놀랐을 때이다. 한번은 새로 온 택배 아저씨가 우리 집 현관문을 노크하면서 손가락으로 "똑똑똑" 두드리지 않고 주먹으로 "쾅!" 쳤다. 그때 콩이가 방에서 쉬고 있다가 깜짝 놀라 반사적으로 뛰어나가면서 낮고 크게 "웡!" 하고 짖었다. 택배 아저씨는 우리 집에 무서운 대형견이 있다고 생각했는지 다시는 주먹으로 우리 집 현관문을 치지 않았다.

콩이가 짖는 소리를 들은 사람은 나와 남자 친구 이외에는 거의 없다. 어떤 사람들은 몇 년이 지나도 콩이가 짖는 소리를 한 번도 못 들었다면서 콩이가 짖을 줄은 아느냐고 물었다. 어떤 사람들은 콩이한테 못 짖게 하는 수술을 시켰냐고 묻기도 했다. 나는 콩이가 잘 안 짖어서 그렇지 짖을 줄 알고 심지어 한번 짖으면 대형견처럼 큰 소리로 짖는다고 대답했다. 어떤 사람들은 강아지는 전부 많이 짖는 줄 알았다고 했다. 안 짖는 강아지도 있다는 걸 콩이를 보고 처음 알았다고 했다.

그런데 굳이 강아지는 잘 짖어야 한다고 주장하는 사람들이 있다. 그 사람들은 개가 밥값을 하려면 집을 잘 지켜야 하고, 집을 잘 지키려면 잘 짖어야 한다고 한다. 나한테 밥값도 못 하는 개를 왜 키우냐고 묻는다.

나는 콩이가 처음 우리 집에 왔을 때 내 말을 알아듣든 못 알아듣든 상관없이 콩이에게 이런 말을 여러 번 했다. "내 집은 내가 지켜. 네가 지킬 필요 없어. 네가 오기 전에도 나는 이 집에서 오랫동안 안전하게 살아왔어. 그러니까 너도 이 집에서 편안하게 살아."

내가 이렇게 하는 데에는 가슴 아픈 사연이 있다. 콩이와는 반대로 복돌이는 살아 있을 때 너무 많이 짖었다. 우리 집에 들어오는 사람한테는 물론이고 누군가가 우리 집 앞을 지나만 가도 현관문 쪽으로 달려 나가 미친 듯이 짖어 댔다. 지나가는 개들한테도 일일이 짖어 댔다. 자기는 체중이 2.7kg밖에 안 나가면서 엄청나게 큰 개들한테도 짖었다. 처음 우리 집에 왔을 때는 안 그랬는데 시간이 지날수록 심해졌다.

복돌이가 죽고 난 후 시간이 한참 지나서야 복돌이가 그때 왜 그랬는지 그 이유를 깨달았다. 복돌이가 어렸을 때 어느 날부터인가 내 주변 사람들이 복돌이에게 나를 잘 지켜 주라는 말을 많이 했었고, 복돌이가 보는 앞에서 나를 때리는 척하면서 복돌이를 자극했었다. 그때 나는 그 사람들의 장단에 맞춰서 아프다는 시늉을 하며 복돌이에게 도와 달라고 했었다. 복돌이는 그때마다 달려와서 나를 때리는 사람들에게 짖으며 나를 지키려고 했었다.

예전에는 그 장면이 복돌이에게 어떻게 느껴질지 깊이 생각하지 못했었다. 그런데 복돌이가 죽고 난 후 시간이 많이 흐른 어느 날 문득 예전 그 장면이 떠올랐다. 복돌이의 눈에서 그 장면을 다시 살펴보니, 세상 사람들은 너무 무섭고 그에 비해 나는 믿고 의지하기에 너무 나약한 보호자라는 느낌이 들었다. 2.7kg의 작은 몸으로 거대한 인간들 속에 사는데 보호자라고 한 명 있는 사람마저 그토록 나약해 보였으니 사는 내내 얼마나 불안했을까 싶었다. 복돌이는 자기 자신뿐만 아니라 나까지 지키기에 자신의 힘이 턱없이 부족하다 싶었을 것이다. 그래서 다른 사람들이나 강아지들이 우리 가까이에 오는 걸 그토록 경계할 수밖에 없었다.

나는 같은 실수를 반복하고 싶지 않았다. 콩이는 마음 편안하게 살게 해 주고 싶었다. 그러려면 콩이가 나를 믿음직한 보호자로 인식하는 게 중요했다. 콩이가 처음 우리 집에 왔을 때 주변 사람들이 또 나를 때리는 척하면서 콩이에게 나를 지켜 주라고 했다. 그때 나는 이렇게 말하며 사람들을 막았다. "오히려 내가 콩이를 지켜야죠. 콩이한테 부담 주지 마세요."

콩이는 산책할 때 앞서 걸어가다가 앰뷸런스가 사이렌을 울리며 지나가는 등 주변에서 엄청나게 큰 소리가 나도 우선 나부터 돌아본다. 내가 특별한 반응을 하지 않는 걸 확인하면 그 소리가 계속 나든 말든 신경 쓰지 않고 다시 가던 길을 간다. 그 정도로 지금 콩이는 나를 믿고 의지한다.

강아지는 잘 짖어야 한다고 주장하는 사람들은 짖지 않는 강아지는 위험한 상황에서도 아무것도 안 하고 손 놓고 있을 거라고 생각하는 모양이다. 하지만 내가 겪어 보니까 꼭 그렇지만은 않다.

콩이는 위험을 감지하면 흥분하지 않고 침착하게 대처한다. 한번은 내가 자고 있는데 콩이가 자기 머리를 내 머리 밑으로 계속 밀어 넣었다. 자는 나를 건드릴 아이가 아닌데 이상하다 싶었다. 내가 옆으로 몇 번을 피해도, 따라와서 같은 행동을 했다. 결국 나는 깊은 잠에서 깨어났다. 그 상태에서 비몽사몽 헤매고 있는데, 갑자기 "삑!" 하고 비상 음이 울렸다. 잠결에 깜짝 놀랐다. 무슨 소리인가 생각하고 있는데, 다시 "삑!" 하고 같은 소리가 울렸다. 일산화탄소 경보기 소리였다.

우리 집은 보일러가 집 안에 있기 때문에 보일러 위에 일산화탄소 경보기를 붙여 놓았다. 설치 후 신경을 안 쓰고 있어서 그 소리를 잊고 있었다. 그런데 가만히 생각해 보니까 그 소리였다. 방문을 열고 나가서 불을 켜고 일산화탄소 경보기를 들여다보는데, 거기서 "삑!" 소리가 났다. 일산화탄소가 샜으면 "삑삑삑삑" 하면서 연속으로 울릴 텐데, "삑!" 하고 간격을 두고 울리는 것으로 보아 건전지가 다 되었다는 뜻이었다.

내가 일산화탄소 경보기를 떼어 내서 건전지를 교체하는 동안 콩이는 내 옆에서 내가 하는 행동을 유심히 지켜보았다. 건전지 교체가 성공적으로 되었다는 뜻에서 "삑삑삑삑" 하고 연속음이 울렸다. 콩이는 깜짝 놀라서 눈이 휘둥그레졌다. 그래도 한 번도 짖지 않았다. 내가 일산화탄소 경보기를 제자리에 붙여 놓고 내려와서 잠자리에 눕자, 얼른 따라왔다. 놀랐을 것 같아 몇 번 쓰다듬어 주니까, 금방 팔다리에 힘을 빼고 자기도 다시 누웠다. 짖지 않는 강아지는 위험한 상황에서도 아무것도 안 하고 있을 거라는 생각은 편견이다.

지금까지 콩이는 짖지 않으면서도 언제나 나에게 도움을 주었다. 하지만 밥값을 못 한다고 하면서 짖지 않는 콩이를 타박하는 사람들 앞에서는 콩이가 나에게 도움을 준다는 말을 한 번도 꺼낸 적이 없다. 내가 하는 말을 콩이도 밥값을 한다는 뜻으로 이해할 것 같기 때문이다.

나는 복돌이와 콩이에게 밥값을 기대한 적이 없다. 어디에서도 받아 본 적 없는 사랑을 복돌이와 콩이로부터 받았고 또 받고 있는데, 밥 조금 주고 밥값을 기대한다는 것은 말도 안 된다. 복돌이한테는 못 해 줬지만 콩이만이라도 내 곁에서 마음 편안하게 살게 해 주고 싶다.

일산화탄소 경보기 소리를 듣고 콩이가 나를 깨워준 날, 나는 콩이에게 입으로만 내 집에서 편안하게 지내라고 말해 놓고 실제로는 그런 환경을 제공해 주지 못한 것 같아 미안한 마음이 많이 들었다. 다시는 그런 일로 콩이를 불안하게 만들고 싶지 않았다. 그래서 바로 달력에 그날 건전지를 교체했다고 표시했다. 이후 한 번 더 일산화탄소 경보기에서 건전지를 교체하라는 알림음이 울렸을 때, 달력을 뒤져서 이전에 표시해 두었던 날짜를 확인했다. 이렇게 해서 일산화탄소 경보기의 건전지 교체 주기를 알아내었다. 다음부터는 건전지 교체 날짜를 미리 기록해 두었다가 경보기가 울리기 전에 건전지를 교체했다. 이후로 우리 집에서 일산화탄소 경보기가 울린 적은 한 번도 없다.

2.
무시: 강아지가 사람보다 아래라고 생각하는 사람들

콩이가 우리 집에 온 지 얼마 되지 않았을 때였다. 콩이를 데리고 동네 단골 식당에 갔다. 아직 식사 시간이 안 되어서 그런지 식당 안이 한산했다. 우리 이외에는 손님이 아저씨 한 명뿐이었다. 그 아저씨는 혼자 술을 마시면서 밥을 먹고 있었다. 나는 자리를 잡고 앉은 후 평소에 먹던 메뉴를 주문했다.

아저씨가 술을 마시면서 콩이를 한참 보더니 자기도 강아지를 오래 키웠었다면서 나에게 말을 걸었다. 아저씨는 한동안 추억에 젖어 자기 강아지 이야기를 몇 가지 들려주었다. 그러면서 다시는 강아지를 못 키우겠다고 했다. 강아지가 죽었을 때 마음이 너무 아팠다고 했다. 아저씨의 부인은 강아지가 죽었을 때 한 달 동안이나 밥도 제대로 못 먹고 울기만 했다고 했다. 아저씨는 그런 부인에게 "미친년이 친정아버지가 죽었을 때도 눈물 한 방울 안 흘리더니 개가 죽었다고 한 달을 우냐?"고 했다고 했다.

그때까지 나는 아저씨 이야기를 재밌게 들으면서 맞장구를 치고 있었는데 마지막 말에 꽂혀서 더 이상 아저씨 이야기가 귀에 들어오지 않았다. 내가 시큰둥해지자, 아저씨도 재미가 없어졌는지 다시 혼자 술을 마시기 시작했다.

아저씨의 말을 계속 곱씹어 봤다. '친정아버지가 죽었을 때 눈물 한 방울 안 흘리던 사람은 강아지가 죽었을 때 한 달이나 울면 안 되나?' 이런 생각이 들었다. 그러면서 '아저씨의 부인은 왜 친정아버지가 죽었을 때 눈물이 한 방울도 안 났을까?' 하는 생각도 들었다. 그 아줌마는 평생토록 친정아버지에게서 사랑을 느끼지 못한 것 같았다.

그런데 그 아줌마는 남편에게서도 사랑을 느끼기 힘들 것 같았다. 아저씨는 부인의 마음에는 관심이 없어 보였다. 부인의 마음에 큰 상처를 남길 만한 말을 해 놓고서 돌아서서 후회하기는커녕 밖에 나와서 떠벌리고 있었다. 생각이 거기까지 미치자, 아줌마의 마음이 얼마나 꽁꽁 얼어붙어 있을지 내 눈앞에 보이는 것처럼 느껴졌다.

그렇게 꽁꽁 얼어붙은 아줌마의 마음을 그 집 강아지가 조금이나마 녹여 놓고 간 것이었다. 사람한테는 너무 힘든 그 일을 그 강아지는 해내었다. 나는 그 강아지가 위대해 보였다. 이런 강아지들이 있다는 걸 알기에 나는 강아지를 사람보다 아래라고 생각할 수가 없다.

그런데 그 아저씨는 그런 위대한 강아지를 알아보지도 못했다. 여전히 '개는 사람보다 아래'라는 편견에 사로잡혀 있었다. 그러니까 사람이 죽었을 때는 눈물 한 방울 안 흘렸던 부인이 강아지가 죽었을 때는 그것보다 더 슬퍼하는 걸 못마땅해하는 것이었다.

나는 복돌이와 콩이를 키우면서 강아지가 사람에게 얼마나 위대한 사랑을 주는지를 깨달았다. 복돌이가 죽었을 때 어떤 사람은 "그 정도로 사랑받고 사는 개도 별로 없어. 너도 할 만큼 했어."라는 말로 슬퍼하는 나를 위로했다. 나도 그렇게 생각하면 마음이 좀 편할 것 같았다. 그런데 복돌이가 살아 있을 때도 내내 그렇더니 복돌이가 죽은 후에도 아무리 노력해도 내가 할 만큼 했다는 생각이 들지 않았다. 밥을 준 것도 옷을 준 것도 나인데 왜 복돌이한테 준 건 하나도 없는 것 같고 받기만 한 것 같은 느낌이 드는지 알 수 없었다. 콩이가 온 이후로 산책하다가 우연히 그 이유를 깨달았다.

콩이는 흥분하는 버릇이 사라진 후부터 몇 년 동안 산책을 나가면 상당히 느린 걸음으로 걸었었다. 우리보다 훨씬 뒤에 온 다른 강아지들이 다 지나가도 우리는 앞으로 나아갈 수가 없었다. 지나가는 아줌마들이 "콩아, 가자! 가자!" 하면서 아무리 불러도 콩이는 자기 속도를 유지했다. 걸음만 느린 게 아니었다. 호기심도 얼마나 많은지 온갖 냄새를 다 맡았다. 아줌마들이 "맨날 뭘 그렇게 냄새 맡냐?"고 물어봐도 들은 체도 안 하고 이리저리 왔다 갔다 하면서 자기가 궁금한 건 다 냄새 맡고 다녔다. 지나가다가 새를 보면 새도 관찰해야 했다. 가끔 해가 나면 한참 동안 가만히 서서 햇볕도 쬐었다.

그렇게 천천히 걷기 시작한 후 처음에는 내가 많이 힘들었다. 너무 빨리 걷는 건 위험하지만, 너무 천천히 걷는 건 좀이 쑤신다. 가다 서다를 반복하면서 걷기 위해서는 평소와는 다른 다리 근육이 필요하다는 것도 그때 처음 알았다. 그렇게 걷기 위해서는 가만히 서 있거나, 일반적인 속도로 걷거나, 빠르게 뛸 때 사용하던 근육과는 또 다른 근육이 필요했다.

몇 년이 지나 내 몸과 마음이 그렇게 걷는 것에 어느 정도 적응되었을 즈음, 지나가던 할머니들이 나에게 다가와 말을 걸었다. "대단하다, 대단해. 강아지가 가면 같이 가고, 강아지가 서면 같이 서고. 강아지가 냄새 맡는 거, 새 구경하는 거 다 기다려주고. 우리는 못 한다." 그 말에 나는 나도 모르게 이런 말이 튀어나왔다. "강아지는 하루 24시간 중에서 23시간을 나한테 그렇게 해 주잖아요. 나는 겨우 한 시간인데요." 그 말을 하면서 나는 깨달았다. 진짜 사랑은 내가 주고 싶은 것을 주는 게 아니라 상대방이 원하는 걸 주는 거라는 것을. 그리고 복돌이와 콩이로부터 내가 받았고 또 받고 있는 사랑이 바로 그런 사랑이라는 것을.

언젠가 비가 오는 날이었다. 콩이에게 우비를 입힌 후 산책을 나갔다. 나는 운동화가 젖을 것 같아 맨발에 슬리퍼를 신고 나갔다. 아니나 다를까 내 발에 흙물이 튀어 지저분해졌다. 집에 들어가기 전에 수돗가에서 1차로 흙물만이라도 씻고 싶었다. 콩이는 길을 잘 찾는 편이다. 산책을 갔다 오면 자기가 알아서 우리 건물 전체 출입문인 유리문 앞으로 간다. 거기에 서서 내가 유리문을 열어 주기를 기다린다. 그날은 유리문 앞에 가서 기다리고 있는 콩이를 내가 불렀다. "발 씻고 가자." 하면서 주차장 끝에 있는 수돗가 쪽으로 줄을 살짝 당겼다. 콩이는 그쪽으로 와서 내가 발을 씻는 동안 비를 맞으며 나를 기다려주었다.

다음 날부터는 비가 오지 않았다. 콩이는 산책 후 예전처럼 유리문 앞에 먼저 가서 문이 열리기를 기다렸다.

그렇게 2주 정도가 지났다. 다시 비가 왔다. 콩이는 우비를 입고 나는 슬리퍼를 신고 산책을 나갔다. 산책을 마치고 돌아오는데 콩이가 유리문 쪽으로 가지 않았다. 어디로 가나 봤더니, 조용히 주차장을 가로질러 수돗가로 향했다. 수돗가 앞에서 멈춘 뒤 내리는 비를 다 맞고 서서는 "발 씻어." 하는 눈빛으로 나를 돌아보았다.

그 모습을 보는데 나는 눈물이 왈칵 쏟아질 뻔했다. 콩이는 비 맞는 걸 좋아하지 않는다. 지금은 우비만 입혀 주면 웬만한 비는 상관하지 않지만, 처음에 우리 집에 왔을 때는 산책하려고 신나게 출발했다가도 비가 조금이라도 오면 산책을 하지 않고 집으로 도로 들어가려고 할 정도였다. 지금도 비를 썩 좋아하지는 않는다. 털이 비에 조금이라도 젖으면 불편한지 수시로 털어낸다.

이런 콩이가 내가 좋아하는 걸 하게 해 주려고 자발적으로 비를 맞고 기다리는 걸 선택한 것이었다.

 내가 이런 이야기를 하면 어떤 사람은 콩이가 머리가 좋아서 그렇다고 말한다. 내 생각은 좀 다르다. 콩이가 단순히 머리가 좋아서 그렇게 하는 거라면 내가 하는 특이한 행동에는 전부 그런 식으로 반응해야 한다. 하지만 콩이는 내가 좋아하는 행동에 대해서만 골라서 그렇게 반응한다. 그렇게 한다는 것은, 콩이가 단순히 내 특이한 행동을 기억해서 그렇게 하는 것이 아니라는 뜻이다. 내 눈빛, 표정, 말투, 몸짓 등의 섬세한 변화를 유심히 관찰하면서 내 마음을 읽고 있다는 뜻이다. 그렇기 때문에 나 자신도 미처 깨닫지 못하고 있던 내 마음을 콩이가 먼저 알고 맞춰 줄 수 있는 것이다. 이것은 머리만 좋다고 할 수 있는 일이 아니다. 오롯이 나를 위하는 마음, 바로 사랑이 없으면 불가능하다.

 나는 하루에 한 시간도 힘들어서 쩔쩔매는 이런 사랑을 복돌이와 콩이는 일상에서 늘 나에게 주었고 또 준다. 그러니 내가 복돌이와 콩이에게 사랑을 많이 준다고 주었는데도 준 건 아무것도 없는 것 같고 한없는 사랑을 그저 받기만 한 것 같은 느낌이 든 것이었다.

 강아지가 사람에게 주는 사랑이 얼마나 위대한 사랑인지 잘 모르는 사람들이 많다. 이런 사람들 중에는 자기가 강아지를 이뻐하는 게 강아지에게 엄청난 은혜를 베푸는 거라고 착각하는 사람들이 있다. 생각이 이런 식으로 흘러가면 겉으로는 강아지를 이뻐하면서 속으로는 강아지를 무시하는 사람이 된다.

  이런 사람들이 진짜 무섭다. 강아지를 대놓고 무시하면 경계할 텐데, 강아지를 이뻐하는 거에 넘어가서 함께 어울리다 보면 그 사람이 어느 순간부터 내 강아지에게 무례하게 행동한다. 그때 가서는 내가 그렇게 하지 말라고 해도 소용없다. 전혀 조심할 기색이 없다. 오히려 사람보다 강아지가 더 중요하냐고 하면서 싸우려고 드는 사람도 있다. 이런 사람들을 워낙 많이 겪다 보니까 이제는 어떤 사람이 강아지를 이뻐하는 척하다가 어느 순간 강아지를 무시하는 듯한 기색을 조금만 드러내도 마음속에서 경계심이 올라온다.

  복돌이가 살아 있을 당시에도 강아지를 겉으로만 이뻐하면서 속으로는 무시하는 사람들이 많았다. 그때 나는 나와 그 사람들이 강아지에 대해 완전히 다른 생각을 하고 있다는 걸 알지 못했다. 그래서 그 사람들이 복돌이를 이뻐하다가 순간순간 함부로 대할 때 어리둥절해하기만 하고 적절히 대처하지 못했다. 심지어 그런 사람도 나만큼 복돌이를 사랑한다고 착각하고 그런 사람에게 복돌이를 맡기고 출근한 적도 있었다. 지금 와서 생각해 보면 그게 마음이 아프다.

  콩이는 그런 사람들에게 노출되지 않도록 최대한 보호하고 싶다. 내가 흉내를 낼 수도, 그래서 갚을 수도 없는 엄청난 사랑을 나에게 주는 콩이가 잠시라도 그런 사람들에게 무례한 말과 행동을 당하는 게 싫다. 문제는, 그 사람이 강아지를 진심으로 사랑하는 사람인지 아니면 강아지를 무시하는 마음을 가지고 있으면서 겉으로만 이뻐하는 척하는 사람인지 미리 알기가 쉽지 않다는 점이다. 겉으로 보기에는 너무 비슷하기 때문이다. 경계한다고 하는데 아직도 당하고 후회할 때가 있다.

3.
고집: 강아지에 대해 잘 안다고 고집부리는 사람들

콩이가 사람들에게 워낙 반갑게 인사하다 보니까 인사를 받는 사람들이 종종 이런 말을 한다. "나는 너한테 줄 게 아무것도 없는데…" 콩이는 먹는 걸 바라고 인사한 게 아닌데, 내가 봐도 인사를 받는 사람 쪽에서는 충분히 오해할 만하다. 나는 옆에 서 있다가 이렇게 말한다. "아무것도 안 주셔도 돼요. 주셔도 어차피 안 먹어요. 밖에 나오면 물도 안 마셔요." 그러면 사람들이 좀 편안해진다.

그래도 가끔은 굳이 콩이에게 주겠다고 먹을 것을 챙겨 오는 사람들이 있다. 산책할 때 자주 보는 한 아줌마는 콩이를 볼 때마다 눈에서 하트가 쏟아졌다. 그래도 표현을 잘 안 하고 혼자 운동만 했다. 그러던 어느 날 그 아줌마가 평소와 달리 우리에게 다가왔다. 주머니에서 비닐봉지를 주섬주섬 꺼내더니 그 안에 있는 뭔가를 나에게 보여주었다. 콩이 생각이 나서 전날 집에서 고구마를 쪄서 식품 건조기에 말랑하게 말려 왔다고 조심스럽게 말을 꺼냈다. 고구마가 어찌나 정갈한지 정성이 듬뿍 느껴졌다. 나는 아줌마에게 마음은 고마운데 콩이한테 고구마 알레르기가 있어서 고구마는 안 준다고 했다. 아줌마는 깜짝 놀라더니 그러면 주면 안 된다고 하면서 말린 고구마를 얼른 주머니에 도로 넣었다.

이렇게 미리 물어보는 사람은 아무 문제가 안 된다. 그런데 가끔은 자기도 강아지를 많이 키워 봤다고 하면서 강아지한테 주면 안 되는 음식을 줘도 된다고 고집을 부리는 사람들이 있다.

산책하다가 콩이와 함께 공원 벤치에 앉아 쉬고 있었다. 옆 벤치에 앉아 있던 할머니가 콩이를 보더니 뾰로통해져서는 자기 아들 내외도 강아지를 키운다고 하면서 말을 시작했다. 할머니는 요즘 젊은 사람들이 강아지를 유난스럽게 키운다고 했다. 강아지한테 초콜릿을 좀 줬는데, 아들이 그걸 알고 할머니한테 난리를 쳤다고 했다. 할머니는 그게 그렇게 난리 칠 일이냐고 하면서 분한 기색을 드러냈다. 기세가 보통이 아니었다. 나는 잠자코 할머니의 말을 듣고 있다가 할머니의 무지막지한 기세에 놀라서 "초콜릿은 안 돼요!"라고 소리쳤다. 그런데 내 뒤에서 나와 같은 말을, 나와 동시에, 나보다 더 큰 목소리로 외치는 사람이 있었다. 돌아보니까 진돗개를 데리고 산책 나온 아줌마였다. 두 사람이 동시에 마치 짠 듯이 외치자, 할머니는 그제야 자기가 뭔가 잘못

하긴 한 것 같다고 느꼈는지 기세가 조금 누그러들었다.

기세등등한 그 할머니를 보고 있자니 할머니의 아들이 얼마나 힘들지 예상되었다. 자기 멋대로 하려는 엄마를 설득하기가 힘들어서 고민이 많을 것 같았다. 나도 그 할머니와 비슷한 사람들을 많이 겪어 봤다. 그런 사람들은 복돌이를 기를 때도 많았고, 지금도 여전히 많다.

그런 사람들은 먹는 거에 있어서만 고집을 부리는 게 아니다. 강아지를 안을 때나 쓰다듬을 때 보면 주의해야 할 점을 모르는 게 너무 많은데 가르쳐줘도 고치려고 하지 않는다. 말하는 내용이 거의 똑같다. 자기도 강아지를 많이 키워 봤다고, 자기는 강아지를 사랑하는 사람이라고 한다.

콩이가 사람들에게 인사할 때 뒷발로 서서 앞발을 공중에 띄울 때가 있다. 그 모습을 보고 콩이가 안아 달라고 한다고 해석하는 사람들이 많다. 말로 그렇게 하면, 내가 해석을 다시 해 준다. 안아 달라는 뜻이 아니라 앉으라는 뜻이라고, 콩이가 좋아하는 사람의 냄새 맡는 것을 좋아하는데 서 있으면 바지 냄새밖에 못 맡는다고, 앉으면 눈, 코, 입, 귀 냄새를 전부 맡을 수 있어서 좋아한다고. 내 말을 듣고 사람들이 반신반의하면서 일단 앉아 준다. 그러면 콩이가 뒷발로 선 채 앞발로 그 사람의 팔을 짚고서 그 사람의 얼굴 가까이에 코를 대고 냄새를 맡는다. 사람들은 신기하다고 하면서 이런 의미인지 몰랐다고 한다.

내가 이렇게 해석하는 데에는 이유가 있다. 콩이는 낯을 가리지 않는 편이지만, 아무리 친한 사람이라 할지라도 나와 남자 친구를 제외한 다른 사람이 자기를 안아 올리는 건 아주 싫어한다.

우리 동네에 콩이가 몇 년 동안 잘 따르던 아줌마가 있었다. 콩이랑 같이 그 아줌마의 집에도 놀러 갈 정도로 그 아줌마와 우리는 가깝게 지냈다. 언젠가 겨울 아침에 평소처럼 콩이와 함께 공원에 산책을 나갔다. 나는 콩이를 내 옆에서 기다리게 하고 잠깐 스트레칭을 하고 있었다. 아줌마는 우리 주변에서 운동을 하고 있었다. 그날따라 아줌마가 콩이를 보더니 추울 것 같다고 하면서 안아 줘도 되냐고 나에게 물었다. 나는 좋다고 했다. 그래서 아줌마가 처음으로 콩이를 안아 올렸다. 나는 스트레칭에 집중하느라 당시에는 못 봤는데, 아줌마가 콩이를 안은 후 나에게서 거리를 좀 띄우고 있었던 모양이었다. 아줌마의 비명 소리가 들려서 돌아보니까, 콩이가 아줌마의 품에서 벗어나려고 발버둥을 치고 있었다. 내가 놀라서 달려갔는데, 다행히도 아줌마가 콩이를 겨우겨우 안전하게 바닥에 내려놓았다. 콩이는 발이 바닥에 닿자마자 얼른 나에게 달려왔다. 아줌마가 자기를 나에게서 떼어 놓으려고 한다고 오해한 것 같았다. 그때까지 거의 매일 아줌마를 봐 왔고 아줌마가 보이면 한달음에 달려가던 콩이는 그 일이 있은 뒤 몇 달 동안이나 아줌마가 아무리 불러도 아줌마에게 가지 않았다.

콩이는 그 아줌마에게만 그렇게 한 것이 아니었다. 그 아줌마만큼 친하지도 않은 다른 아저씨가 안아 올렸을 때는 순간적으로 토하려고 구역질을 해서 주변 사람들을 놀라게 한 적도 있었다. 이런 콩이가 사람들에게 안아 달라고 자기 앞발을 내밀 리가 없다.

그런데 나한테 묻지도 않고 순식간에 콩이가 내민 앞발을 붙잡고 공중으로 안아 올리는 사람들이 있다. 그런 사람들이 너무 많아서 나는 항상 긴장하고 있다가 그런 일이 벌어지면 얼른 내 손으로 콩이의 엉덩이부터 받친다. 콩이는 다른 사람이 자기를 안아서 표정이 안 좋지만 내가 자기 옆에 바짝 붙어 있으면 일단 발버둥을 치지는 않는다. 콩이가 안전한 걸 확인한 이후에 나는 그 사람에게 차분하게 설명해 준다. 콩이는 다른 사람이 자기를 안아 올리는 걸 좋아하지 않는다고, 그리고 강아지를 안을 때는 앞발만 붙잡고 들어 올리면 안 된다고. 그리고는 콩이를 바닥에 내려놓게 한 뒤 강아지를 안전하게 안는 시범도 보여준다.

대체로 사람들은 내 시범을 보면 강아지가 정말 편안할 것 같다고 하면서 좋은 방법을 알려줘서 고맙다고 한다. 그런데 굳이 내 말을 받아치는 사람도 있다. 자기가 강아지를 키울 때는 자기처럼 안아도 아무 문제 없었다고 한다. 그 사람의 논리는 이거다. 만약 자기가 그렇게 안았다가 콩이 앞다리에 문제가 생기면 그건 그 사람이 콩이를 잘못 안아서가 아니다. 콩이 앞다리가 다른 강아지들에 비해 약해서다. 그리고 콩이 앞다리가 다른 강아지들에 비해 약한 이유는 내가 콩이 엉덩이를 자꾸 받쳐 줘서 콩이가 앞다리에 힘을 기르지 못했기 때문이다.

오래 반복해 왔고 그때 아무 일도 일어나지 않았다고 해서 그게 옳다고 생각하는 사람들을 보면 혹시 나에게도 그런 부분이 있지 않을까 염려가 된다. 복돌이가 살아 있을 때는 나도 강아지를 키우기 위해 공부해야 할 것들이 많다는 것을 몰랐다. 그런데 복돌이가 어느 날 아침에 갑자기 이상했다. 그때까지 한 번도 아파서 병원에 간 적이 없었고, 전날 저녁까지만 해도 평소처럼 운동장에서 뛰어놀았기 때문에 큰 이상은 아닐 거라고 생각했다. 바로 병원에 갔는데 원인을 찾을 수 없었다. 이 병원, 저 병원, 대학교 부속 동물 병원까지 온갖 병원을 돌아다녔지만, 결국 원인을 알 수 없었다. 복돌이는 제대로 치료도 못 받아 보고 며칠 만에 죽었다.

이후에 나는 혼자 강아지에 관해 공부를 시작했다. 강아지를 다시 키우게 되리라고는 상상도 못 했다. 복돌이가 살아 있는 동안 나로 인해 불편한 건 없었는지, 혹시라도 그것 때문에 일찍 죽은 건 아닌지 많이 늦었지만 그래도 알아보고 싶었다. 그런데 공부하면서 예상치도 못했던 것을 깨달았다. 강아지를 키우기 위해서는 알아야 할 것들이 정말 많은데 내가 그런 것들이 있는지도 모르는 상태에서 복돌이를 키웠다는 것이었다.

다행히도 그때 공부해 놓은 것들이 있어서 콩이를 키울 때 도움이 많이 되었다. 그래도 불안했다. 내가 콩이를 위해 잘 준비된 보호자인지 확신이 없었다.

어느 날 콩이를 데리고 서울시에서 운영하는 반려견 놀이터에 갔다. 반려견 놀이터 울타리에 '반려인 능력 시험'에 대한 안내문이 붙어 있었다. 안내문을 보자마자 나는 시험에 응시하기로 마음먹었다. 내 공부가 제대로 된 건지, 부족한 점은 없는지 확인해 보고 싶었다.

시험은 필기시험과 실기시험으로 나뉘어 있었다. 일단 보호자가 필기시험에서 고득점을 받아야 그 사람의 강아지에게 실기시험에 참가할 수 있는 기회를 준다고 했다. 실기시험에 통과한 강아지는 "서울 펫티즌"으로 선정된다고 했다.

다행히도 나는 처음 도전한 필기시험에서 고득점을 받았다. 콩이에게 실기시험의 기회가 주어졌다는 연락을 받았다. 이후 1주일 동안 매일 아침 산책을 마치고 돌아오는 길에 콩이와 함께 5분 정도씩 실기시험 대비 연습을 했다.

실기시험 장소는 우리 집에서 아주 멀리 떨어져 있었다. 콩이와 함께 시험장으로 가면서 그제야 처음으로 시험장 분위기가 어떨지 궁금해졌다. 자칫하면 콩이가 시험장 분위기에 압도되어 스트레스를 받을 수도 있겠다는 생각이 들었다. 나는 콩이가 힘들어하는 기색이 보이면 시험 중간에라도 미련 없이 시험을 포기하고 나오기로 마음먹었다. 어디까지나 콩이를 위해서 보는 시험인데 콩이에게 스트레스를 주면서까지 시험에 연연하고 싶지는 않았다.

시험장에 도착한 콩이는 평소보다 기분이 더 좋아 보였다. 나는 큰 기대 없이 재미 삼아 콩이에게 시험을 잘 볼 수 있겠냐고 물어보았다. 그런데 콩이가 마치 내 말을 알아듣기라도 한 것처럼 내 눈을 똑바로 보면서 고개를 한 번 끄덕였다.

　아니나 다를까 콩이는 실기시험을 가뿐히 통과했다. 단순히 시험을 통과한 정도가 아니었다. 시험을 보는 내내 주변을 전부 살피면서 여유 있게 시험에 응했다. 우리가 시험을 마치자, 현장에서 우리를 지켜보고 있던 사람들이 콩이에게 몰려들었다. 강아지가 어떻게 이렇게까지 침착할 수 있냐면서 놀라워했다. 며칠 후 우리는 "서울 펫티즌"이라는 글씨가 새겨진 배지와 강아지용 스카프를 택배로 받았다.

　배지는 받자마자 콩이를 안고 다닐 때 사용하는 강아지 가방에 달았다. 처음 몇 주 동안은 산책을 나갈 때마다 콩이에게 스카프도 해 줬다. 많은 사람들이 배지와 스카프를 보고 관심을 보였다. 나는 '반려인 능력 시험'에 관해 이야기해 주었다. 사람들은 그런 시험이 있는 줄 몰랐다고 하면서 신기해했다.

　그 일이 예상치 못한 변화를 불러일으켰다. 전에는 나한테 자기도 강아지에 대해 알 만큼 안다고 하면서 고집을 부리던 사람들이 나와 콩이가 '반려인 능력 시험'을 통과했음을 안 뒤로는 알아서 물러섰다. 오히려 나한테 강아지를 키울 때 어떤 점을 조심해야 하는지 먼저 묻는 사람들이 많아졌다.

4.
욕심: 남의 강아지를 탐하는 사람들

동네에 특이한 아줌마가 있었다. 길에서 콩이를 만나면 본인이 가던 길을 가지 않고 우리를 따라다녔다. 우리 집까지 따라온 적도 몇 번 있었다. 아줌마를 그때 바로 경계했으면 좋았으련만, 그때는 아줌마가 콩이를 유난히 이뻐한다고만 생각했다. 내가 웬만해선 내 연락처를 알려주지 않는데 그 아줌마한테는 내 연락처도 알려주었다. 아줌마는 우리를 따라다니면서 언제 찍었는지도 모르는 사이에 우리의 사진을 찍은 후 나한테 문자로 보내 주기도 했다.

어느 날 아줌마가 먼저 말을 꺼냈다. 내가 집을 비울 때 콩이를 집에 혼자 두냐고 물었다. 나는 콩이가 얌전하니까 웬만한 데는 다 데리고 다닐 수 있어서 집에 혼자 오래 두는 경우는 거의 없다고 했다. 아줌마는 자기가 집에서 노니까 그런 일이 있을 때는 자기한테 콩이를 맡기라고 했다. 남편이랑 아들한테도 말했는데 다 좋다고 했다고 했다. 콩이 사진을 보여주니까 보고 싶다고 했다고 했다.

천군만마를 얻은 기분이었다. 안 그래도 언젠가 내가 집을 오래 비워야 할 일이 생기면 콩이를 어디에 맡겨야 하나, 겉으로 말은 안 했지만 항상 걱정하고 있었다. 아무래도 돈을 주고 맡기는 곳은 콩이에게 맞춰서 이것저것 해 달라고 부탁하면 돈을 엄청 많이 요구할 것 같기도 하고 나만큼 정성스럽게 해 주지도 않을 것 같았다. 주변에 콩이를 이뻐하는 사람들은 많았지만, 그 사람들도 다 자기 일이 있을 텐데 내가 콩이에게 맞춰서 이것저것 해 달라고 부탁하면 부담을 많이 느낄 것 같았다. 아줌마는 콩이를 워낙 이뻐하고 또 본인이 먼저 돌봐 주겠다고 했으니까 내가 따로 부탁하지 않아도 콩이에게 필요한 게 무엇인지 본인이 더 살뜰히 챙길 것 같았다.

나는 안 그래도 걱정이었다고, 먼저 말을 꺼내 주어 얼마나 고마운지 모른다고 했다. 그러면서 아줌마의 집에 나를 먼저 초대해 달라고 했다. 콩이를 잠깐 맡기더라도 콩이가 어떤 집에서 지내는지 알고 싶고, 또 아줌마의 남편과 아들은 내 사진을 봐서 길에서 나를 보면 알아보겠지만 나는 아줌마의 남편과 아들을 모르니까 한 번 보고 싶다고 했다. 내 말에 아줌마의 낯빛이 확 바뀌었다. 내가 이렇게 나올 줄 몰랐던 것 같았다. 내가 물러서지 않고 계속 아줌마의 대답을 기다리자, 아줌마는 뒤늦게 알겠다고 하면서 어영부영 말끝을 흐렸다.

내가 그 아줌마의 호의를 덥석 받아들이지 않은 데에는 이유가 있었다. 콩이가 우리 집에 온 후 몇 달 지나지 않았을 때였다. 콩이와 함께 구청 앞 광장을 지나가다가 벤치에 앉아 있던 어떤 아줌마와 이야기를 나누게 되었다. 아줌마는 장교 출신이라고 했다. 그러면서 강아지만 보면 눈물이 난다고 했다. 예전에 강아지를 키웠었는데 산책을 나가려고 준비하던 중에 강아지가 사라졌다고 했다. 그날부터 식구들이 온 동네를 샅샅이 뒤지고 다녔다고 했다.

2주쯤 지났을 때 아줌마의 아이들이 집에 오더니 자기들이 어느 집 앞에 가까이 가기만 하면 강아지가 짖는데 "우리" 강아지 소리랑 똑같다는 말을 했다고 했다. 아줌마와 아줌마의 남편이 아이들을 따라 그 집 앞에 가 봤다고 했다. 아니나 다를까 가족들이 그 집에 가까워지자 강아지가 짖기 시작했다고 했다. 아줌마 내외가 들어 봐도 아줌마네 강아지 소리랑 똑같았다고 했다.

아줌마 내외가 그 집에 가서 강아지를 잃어버렸는데 짖는 소리가 너무 비슷해서 그러니까 확인 좀 해 보면 안 되겠냐고 물어봤다고 했다. 그런데 그 집에서는 안 된다고 했다고 했다. 아줌마는 그럼 어른들은 밖에 나가 있을 테니까 아이들만이라도 "우리" 강아지가 아니라는 것만 확인할 수 있게 해 주면 안 되겠냐고 부탁했다고 했다. 아이들이 강아지를 잃어버린 후에 2주째 잠도 제대로 못 잔다고 하면서 도와 달라고 사정했다고 했다. 그런데 그 사람들은 끝내 문을 열어 주지 않았다고 했다.

나는 그 이야기를 듣는 내내 충격에 휩싸였다. 강아지를 키우다가 버리는 사람들이 있다는 이야기는 많이 들어 봤어도, 남의 강아지를 훔쳐다가 기르는 사람이 있을 수 있다는 이야기는 처음 들었다. 그런데 충분히 있을 수 있는 일이겠다 싶었다. 게다가 남의 강아지를 훔쳐 갔을 때 그 사람이 집에 들어가서 문을 안 열어 주면 확인할 방법도 없었다. 경찰이 출동한다고 해도 남의 집 문을 강제로 열고 확인시켜 줄 수는 없는 일이었다.

왜 그랬는지는 모르겠는데, 특이한 아줌마가 콩이를 자기 집에 맡기라는 이야기를 꺼냈을 때 몇 년 전에 장교 출신 아줌마한테 들었던 이 이야기가 겹쳐서 떠올랐다. 특이한 아줌마의 집 위치는 알고 있었지만, 집 안에 들어가 본 적은 없었다. 이 상태에서 아줌마가 콩이를 돌봐 주겠다고 데리고 간 다음에 돌려주지 않으면 내가 무슨 일을 할 수 있을지 생각해 보았다. 집 위치만 알아서는 할 수 있는 일이 없었다. 아줌마가 콩이를 잃어버렸다고 거짓말하고 자기 집 문을 열어 주지 않으면 내가 열고 들어가서 확인할 방법이 없었다. 게다가 콩이는 잘 짖지도 않으니까 확인하기가 더 어려울 것 같았다.

콩이를 맡기기 전에 아줌마와 아줌마의 가족들이 내가 그 집에 드나드는 걸 얼마나 편안하게 받아들이는지 확인할 필요가 있었다. 그래야 아줌마가 콩이를 데려간 후 혹시라도 문을 안 열어 주는 일이 발생하면 변화라도 알아차릴 수 있을 것 같았다.

 내가 아줌마의 집에 나를 초대해 달라고 했을 때 아줌마는 알겠다고 했지만, 나는 왠지 아줌마가 나를 초대하지 않을 것 같은 느낌이 들었다. 이후에도 아줌마는 길에서 콩이를 만나면 예전처럼 우리를 따라다녔다. 하지만 나를 자기 집에 초대해 주지는 않았다. 시간이 많이 지났을 때 아줌마가 한 번 더 나에게 콩이를 자기한테 맡기라는 말을 꺼냈다. 나는 지난번과 똑같이 나를 아줌마의 집에 먼저 초대해 달라고 대답했다. 이후 아줌마는 나를 초대하지도, 콩이를 자기한테 맡기라는 말을 꺼내지도 않았다.

 아줌마가 그렇게 나오자 나는 진짜로 아줌마의 의도가 의심스러워졌다. 아줌마를 피하고 싶은 마음이 스멀스멀 올라왔다. 하지만 미련이 남았다. 아줌마가 나한테는 경계 대상이더라도 콩이한테는 든든한 지원군일 수 있었다. 혹시 내게 무슨 일이 생겼을 때 콩이를 많이 사랑하는 사람이 한 명이라도 더 콩이 가까이에 있으면 콩이에게 도움이 될 수 있었다.

 이후 나를 더 불안하게 만든 일도 있었다. 어느 날 아침에 콩이와 산책을 하고 있는데, 아줌마가 나한테 오더니 콩이에게 성이 있냐고 물었다. 내가 대답을 안 하고 있으니까 콩이에게 성이 없으면 자기 남편 성을 붙이고 싶다고 했다. 나는 황당한 표정을 지었다. 그때까지 나는 아줌마가 이상하다고는 미처 생각하지 못했다. 그래서 내가 그 정도로만 반응해도 아줌마가 웃으면서 농담이라고 할 줄 알았다. 그런데 아줌마는 내 반응과 상관없이 그

날부터 콩이를 부를 때 콩이의 이름 앞에 아줌마의 남편 성을 붙여서 불렀다. 다른 사람들이 있으면 더 큰 소리로 그렇게 불렀다. 사람들이 나에게 저 사람은 콩이를 왜 저렇게 부르냐고 물었다. 내가 아줌마의 남편 성을 붙여서 부르는 거라고 대답했다. 사람들은 왜 남의 강아지한테 자기 남편 성을 붙이냐고 하면서 황당해했다. 아줌마는 사람들이 황당해하는데도 아랑곳하지 않았다. 그때부터 나는 아줌마가 좀 이상하다는 느낌을 받기 시작했다. 될 수 있으면 피하려고 했다.

그렇게 몇 년이 지난 어느 날이었다. 콩이가 갑자기 IMHA라는 큰 병에 걸려 동물 병원에 입원하는 일이 벌어졌다. 콩이가 입원했을 때도 나는 하루에 네 번씩 동물 병원에 가서 콩이를 데리고 나와 실외 배변을 할 수 있게 해 주었다. 그런데 하루에 한 시간씩 걷던 산책은 할 수 없었다. 당연히 길에서 동네 사람들을 마주치는 일이 현저히 줄어들었다.

며칠이 지났을 때 아줌마로부터 전화가 왔다. 내가 아줌마에게 내 전화번호를 알려줄 때부터 나는 전화를 바로 받지 않는다고 말했기 때문에, 그동안 아줌마가 나에게 전화한 적은 한 번도 없었다. 전화는 그날 처음 한 것이었다. 그때 마침 나는 핸드폰을 들여다보고 있었다. 전화가 올 때 바로 알았다. 그런데 전화를 받지 않고 잠시 고민했다. 콩이가 많이 아프니까 마음이 힘들고 머릿속이 복잡했다. 웬만하면 조용히 있고 싶었다. 그런데 그때는 아줌마가 콩이를 사랑하는 마음이 얼마나 지극했으면 처음으로 전화하면서 그것도 내가 핸드폰을 보고 있는 그 짧은 시간에 딱 맞춰서 했을까 싶었다. 마음을 고쳐먹고 전화를 받았다.

　아줌마는 그동안 왜 안 보였냐고, 콩이한테 무슨 일이 있는 건 아니냐고 했다. 나는 콩이가 갑자기 아파서 동물 병원에 입원했다고, 며칠 만에 병원비가 수백만 원이 들었다고 했다. 별말도 안 했다. 그렇게 딱 두 가지 이야기만 했다. 그런데 아줌마는 내 이야기를 듣자마자 바빠서 통화를 길게 못 한다고 하더니 급하게 전화를 끊었다. 자기가 전화를 걸어 놓고 그런 식으로 끊는 게 이해가 안 되었다. 콩이를 정말 사랑한다면 그 정도 말만 듣고는 걱정돼서 잠도 못 잘 거라고 생각했다. 곧 다시 전화할 거라고 생각했다.

　하지만 아줌마는 끝내 연락이 없었다. 콩이 일에 관여하고 싶지 않다는 아줌마의 뜻을 확실히 알 수 있었다. 콩이가 많이 아프다는 말을 듣고도 연락 한번 하지 않는 아줌마를 보며 처음에는 씁쓸한 기분이 들었다. 하지만 곧 가슴을 쓸어내렸다. 아줌마가 처음 전화했을 때 바로 받길 정말 잘했다는 생각이 들었다. 만약 시간이 지나 콩이가 회복한 후에 통화했으면 아줌마의 반응이 달라졌을 수 있고 그러면 아줌마의 속내를 알기가 어려웠을 것이다. 하지만 콩이가 많이 아픈 바로 그 시점에 통화했기 때문에 아줌마의 속내를 알 수 있었다. 아줌마는 콩이를 사랑하는 것이 아니라 탐하는 것이었다. 아줌마는 내 정성으로 완성된 콩이가 욕심났을 뿐이었다. 콩이를 소중하게 여기는 마음은 없었다.

그런 아줌마가 내가 없을 때 나를 대신해서 콩이를 정성껏 돌봐 줄 리 없다. 만에 하나 그런 사람에게 콩이를 맡겼다가 빼앗기기라도 했으면 어쩔 뻔했나 싶었다.

콩이는 병이 나은 이후에도 몇 달 동안 면역 억제제를 먹어야 했다. 그 기간에는 강아지들이나 사람들과의 접촉을 최대한 피해야 했다. 그래서 평소와는 다른 시간에, 다른 장소에서 산책했다. 그 아줌마와 마주칠 일도 없었다. 아줌마는 여전히 연락이 없었다. 나는 아줌마가 콩이를 아주 잊은 줄 알았다.

처음 발병한 날로부터 만 4개월이 지나서야 콩이는 면역 억제제까지 다 끊고 다시 자유롭게 산책할 수 있게 되었다. 그러다가 길에서 그 아줌마와 마주쳤다. 아줌마는 건강해진 콩이를 보더니 다가와서는 내 허락도 구하지 않고 자기 마음대로 콩이를 만지면서 이뻐하는 척했다. 콩이가 많이 아프다는 말에 본인이 어떻게 반응했었는지는 기억나지 않는 듯했다. 그런 아줌마를 보면서 나는 섬뜩한 기분까지 들었다. 냉정한 태도로 아줌마에게 콩이를 만지지 말라고 했다. 아줌마는 기분이 상한 것 같았다. 손은 바로 뗐지만, 표정이 안 좋았다.

이후로 아줌마는 또 다른 이상한 행동을 하기 시작했다. 우리 주변을 얼쩡거리면서 콩이를 걱정하는 말을 많이 했다. 자꾸 옆에서 아파 보인다는 둥, 살이 찐 것 같다는 둥 했다. 아줌마의 그런 행동도 내 신경을 자극했다. 콩이는 아무렇지도 않은데 옆에서 자꾸 그러니까 거슬리다 못해 수상하기까지 했다. 아줌마에게 뭔가 꿍꿍이가 있는 것처럼 느껴졌다. 나는 아줌마가 뭐라고 하든 대꾸하지 않았다. 아줌마가 나타나면 콩이를 데리고 얼른 피했다. 그렇게 해도 아줌마가 계속 우리를 따라오면 경찰에 신고하려고 마음을 단단히 먹었다. 그런데 내 마음이 어떤 식으로든 겉으로 드러난 모양이었다. 내가 경찰에 신고해야겠다고 마음을 먹은 직후부터 아줌마는 내 마음을 읽기라도 한 것처럼 더 이상 우리를 따라오지 않았다.

5.
증오 1: 강아지를 괴롭히는 사람들

 콩이는 밖에 나가면 "아, 귀여워."라는 소리를 많이 듣는다. 콩이 외모가 내 눈에는 한없이 귀엽게 보이지만, 솔직히 처음 보는 사람이 발걸음을 멈추고 감탄할 만큼 그렇게까지 귀여운지는 잘 모르겠다. 그저 작은 강아지라는 이유만으로도 이뻐해 주는 사람들이 많은 것 같다. 그런데 세상에는 강아지를 이뻐하는 사람들만 있지 않다. 작고 약한 강아지를 괴롭히는 사람들도 많다.
 복돌이를 키울 때 충격적인 장면을 목격한 적이 있다. 그때는 차가 있었다. 외출할 때면 복돌이를 조수석에 태우고 내가 직접 운전해서 다녔다. 아파트에 살 때였다. 외출했다가 아파트 주차장 쪽으로 들어가고 있었다. 아파트 단지 앞에 상가가 있었는데, 그 앞에 사람들이 빙 둘러서 있었다. 사람들이 뭔가 작은 것들을 한 곳으로 던지는 것 같았다. 차를 잠깐 세운 뒤 창문을 내리고 자세히 보았다. 사람들이 흰색 작은 강아지에게 돌을 던지고 있었다. 강아지는 이리 피하고 저리 피해도 사람들에게서 벗어나지 못하고 무서워서 벌벌 떨고 있었다.

  너무 놀랐다. 차를 길옆에 주차하고 내려서 강아지 쪽으로 달렸다. 달리면서 생각해 보니까 내가 이렇게 돌진하면 안 그래도 놀란 강아지가 더 놀랄 것 같았다. 도로 차로 와서 문을 열고 복돌이를 안았다. 내가 강아지를 안고 있으면, 그 강아지가 나를 믿고 안심할 것 같았다. 사람들도 내가 강아지를 이뻐하는 사람이라는 걸 한눈에 알아볼 것 같았다. 복돌이를 안고 달려가서 그 강아지 앞을 막았다. 강아지가 처음에는 나를 피하더니 이내 내 옆으로 몸을 붙였다.

  나는 돌을 던지는 사람들을 하나하나 노려보았다. 전부 남자들이었다. 초등학생부터 할아버지까지 연령대는 다양했다. 열 명 정도 되었다. 서로 모르는 사이 같았다. 그냥 누군가가 강아지에게 돌을 던지니까 하나둘 붙어서 던지고 있었던 것 같았다. 사람들은 내 기세에 놀랐는지 아니면 사람을 다치게 했다간 처벌이 크다는 걸 알아서 그랬는지 바로 돌을 내려놓고 하나둘 흩어졌다.

  사람들이 전부 사라진 후 강아지가 다친 데는 없는지 살펴보았다. 강아지가 놀란 상태니까 낯선 사람이 만지면 물까 봐 만지지는 않았다. 강아지 주변을 돌면서 살펴보기만 했다. 다행히 크게 다친 데는 없어 보였다. 털이 깨끗한 걸로 보아 방금 집에서 나온 것 같았다. 목줄을 하고 있는 걸로 보아 보호자가 있는 것 같았다. 강아지가 순해서 짖지도 않았다. 놀란 기색이 역력한데도 흥분하지 않고 바들바들 떨기만 했다.

그렇게 살펴보고 있는데, 어딘가에서 강아지의 이름을 목 놓아 부르는 아줌마의 목소리가 들렸다. 목소리만 들어도 그 사람이 곧 울 것 같은 느낌이 들었다. 그 소리를 듣자마자 강아지가 소리가 나는 쪽으로 전속력으로 달리기 시작했다. 나는 차들이 언제 나타날지 몰라 불안했다. 복돌이를 안고 뒤따라가면서 강아지에게 "천천히 가."라고 소리쳤다. 강아지는 나를 한 번 돌아보더니 다시는 돌아보지 않고 소리가 나는 쪽으로 곧장 달려갔다. 다행히 아줌마가 강아지를 발견하고 뛰어왔고, 강아지는 금방 아줌마의 품에 안겼다.

아줌마의 손에는 빈 강아지 줄이 들려 있었다. 아줌마는 산책 나왔다가 강아지를 잠깐 풀어 줬는데 잃어버렸다고 했다. 지난번에도 잃어버렸다가 겨우 찾았는데 이번에 또 잃어버렸다고 했다. 나는 아줌마에게 사람들이 강아지한테 돌을 던지고 있었다는 이야기를 해 주었다. 아줌마는 경황이 없어서 그런지, 내 말을 못 믿는 건지 내 이야기에 관심을 보이지 않았다. 할 수 없이 나는 아줌마가 듣든 말든 허공에다 대고 울부짖었다. 세상 사람들이 전부 강아지를 이뻐하는 게 아니라고, 강아지가 보호자 없이 혼자 돌아다니면 무슨 험한 일을 당할지 모른다고.

강아지를 싫어하는 사람들은 평소에 자기 속내를 드러내지 않는다. 작고 약한 강아지를 괴롭히면 자기만 이상한 사람이 된다는 걸 그들도 알고 있다. 그 사람들은 기회만 엿보고 있다. 콩이도 증오의 대상이 된 적이 있었다.

6.
증오 2: 강아지를 싫어하는 사람들

우리 집 근처에 작은 공원이 있다. 그 공원에는 거의 매일 나와 앉아 있는 할머니가 한 명 있었다. 그 할머니는 지팡이를 짚고 다녔다. 빨리 움직이지도 못했다. 앉았다가 일어서는 것도 힘들어 보였다. 할머니는 콩이가 지나가면 몸서리를 쳤다. 주변 사람들에게 강아지가 무섭다고 했다. 나도 예전에는 누구보다 강아지를 무서워했던 사람이라 그 느낌이 어떤 느낌인지 잘 알고 있었다. 할머니가 보이면 근처에 가지도 않았다.

그런데 할머니는 황당했다. 주변에 사람들이 있을 때와 없을 때 하는 행동이 완전히 달랐다. 사람들이 없으면 지팡이를 짚지도 않고 멀쩡하게 돌아다녔다. 우리가 있는 곳까지 쫓아와서 지팡이를 치켜들고 콩이에게 위협하면서 공원에서 나가라고 했다.

처음에 나는 할머니에게 조용히 말했다. 할머니가 강아지를 무서워하는 걸 알고 있다고, 할머니 옆에는 안 갈 테니까 걱정하지 말라고. 그러자 할머니는 화를 내면서 사람들이 있을 때와는 완전히 다른 이야기를 했다. 본인이 젊었을 때 남편이 개를 데리고 왔는데 그 개가 집 안에서 똥오줌을 싸서 그걸 치우느라고 너무 힘들었다고 했다. 그래서 그 개를 갖다 버렸다고 했다. 나한테 개가 좋으면 집 안에서나 키울 일이지 똥오줌 싸는 개를 왜 밖에 데리고 나오냐고 했다. 개들이 길에서 똥오줌 싸는 게 너무 싫다고 했다. 나는 내 강아지 똥은 내가 치우니까 그것도 걱정하지 말라고 했다. 할머니는 다 필요 없고 앞으로 개를 밖에 데리고 나오지 말라고 했다. 데리고 나오면 자기가 지팡이로 때려서 죽일 거라고 했다.

나는 할머니가 그러든지 말든지 계속 그 공원에 콩이를 데리고 갔다. 동네에 콩이를 이뻐하는 사람들이 많다는 걸 할머니도 알고 있었다. 사람들의 눈을 그렇게나 신경 쓰는 할머니가 동네 사람들이 이뻐하는 콩이한테 실제로 해를 입히기는 힘들 것 같았다. 이렇게 유리한 입장에 있는 나까지 물러서면 다른 사람들이 그 공원에서 강아지를 산책시키기가 더 힘들어질 것 같았다.

할머니는 보통이 아니었다. 말이 통하지 않았다. 콩이를 보기만 하면 쫓아와서 지팡이를 치켜들고 당장이라도 내려칠 것 같이 위협했다. 콩이는 이번에도 내가 자기를 안전하게 지켜 주리라 믿어 의심치 않는 것 같았다. 할머니가 그러든지 말든지 전혀 반응을 안 했다. 나는 얼마 전까지 콩이가 긴 막대기에 트라우마를 갖고 있었기 때문에 그것도 걱정되었다. 그 부분에 신경을 계속 쓰면서 콩이를 지켜봤다. 콩이는 지팡이를 보고도 평온했다. 그 부분은 완벽하게 치유가 된 것 같았다. 그나마 다행이었다. 그래도 나는 속이 많이 상했다. 내게는 둘도 없이 소중한 강아지인데 밖에 나가서 다른 사람한테 지팡이로 위협까지 받고 있으니 마음이 찢어지는 것 같았다.

그러던 어느 날 이런 생각이 들었다. '할머니가 혼자 저렇게 지팡이를 치켜들고 설치다가 뒤로 넘어지기라도 하면 뒷일이 어떻게 돌아갈까?' 평소에 할머니가 강아지를 무서워한다고 사람들한테 말해 놓은 상태인데, 할머니가 넘어진 바로 앞에 콩이가 있게 된다. 사람들이 할머니가 콩이를 피하려다가 넘어졌다고 오해하기 십상인 상황이 된다. 그러면 그 공원에서 강아지들이 산책하는 것에 대해 동네 사람들의 인식이 매우 안 좋아질 것이다. 할머니가 노리는 대로 되는 것이다.

그런 일이 벌어지기 전에 대비를 해야 했다. 할머니가 평소에 지팡이 없이도 잘 걸어 다니고, 동작도 빠르고, 강아지를 보면 쫓아다니면서 지팡이로 위협한다는 증거를 모아 둘 필요가 있었다. 그런데 할머니가 콩이를 위협할 때 내가 핸드폰으로 동영상을 찍어 보려고 해도 할 수가 없었다. 혹시라도 할머니가 진짜로 콩이를 다치게 할까 봐 시선을 할머니에게서 뗄 수가 없었다. 그 상태에서 한 손에 강아지 줄을 붙잡고 다른 한 손만으로 핸드폰을 작동하는 건 거의 불가능했다. 누군가가 대신 촬영해 주면 좋겠는데, 할머니는 주변에 사람이 있으면 완전히 다른 사람으로 돌변해서 강아지가 무섭다고 벌벌 떨었다.

그러다가 절호의 기회가 찾아왔다. 할머니가 콩이를 보고 또 쫓아왔는데, 마침 공원 CCTV 카메라 바로 아래였다. 할머니는 평소처럼 지팡이를 치켜들고 콩이에게 위협했다. 할머니가 CCTV 카메라를 정면으로 보고 선 상태였다. 그 정도 거리면 할머니 얼굴이 카메라에 정확히 찍혔을 것 같았다.

CCTV 영상을 확보할 필요가 있었다. 구청 반려동물 팀에 연락해서 자초지종을 말하고 도움을 요청했다. 나는 반려동물 팀의 공무원들은 관내 반려동물의 안녕과 복지를 최우선으로 고려할 거라고 생각했다. 내 착각이었다. 그 사람들은 이런 사안에 대한 대응 매뉴얼을 갖고 있지 않았다. 심지어 내가 아무리 설명해도 내 말의 핵심을 파악하지 못했다. 이 문제를 주민들 간의 입장 차이로 인한 분쟁으로 받아들였다. 내가 공원 CCTV 영상을 확보할 수 있도록 그것만이라도 도와 달라고 해도, 그건 반려동물 팀의 소관 업무가 아니라고 하면서 이 문제에 조금도 개입하지 않으려고 했다.

구청에서 CCTV 영상을 일정 주기로 삭제한다는 이야기를 예전에 들은 적이 있었다. 구청 해당 부서에 전화해서 물어보니 사실이었다. 머뭇거릴 여유가 없었다.

인터넷을 검색하다가 우연히 민간 동물 보호 단체에서 운영하는 블로그를 알게 되었다. 글을 읽어 보니까 그 사람들은 우리 주변에 강아지를 싫어하고 괴롭히는 사람들이 숨어 있다는 것을 알고 있다는 느낌이 들었다. 연락해 보았다. 전화를 받은 사람은 내 이야기를 듣더니 무슨 말인지 금방 알아들었다. 경찰에 정식으로 사건 접수를 하면 도움을 받을 수 있다고 알려주었다.

며칠 고민하다가 나는 경찰의 도움을 받아서라도 이 문제를 해결하기로 결론을 내렸다. CCTV 영상을 확보하는 절차는 까다로웠다. 제일 먼저 경찰에 사건 접수를 한 후 접수증을 받아야 했다. 그 접수증을 가지고 구청에 CCTV 영상을 요청하는 접수를 해야 했다. 구청에서는, 접수를 내가 했더라도 개인 정보 보호 정책 때문에 CCTV 영상을 나한테 직접 주지는 않는다고 했다. 담당 형사에게 준다고 했다. 담당 형사도 나한테 CCTV 영상을 주지는 않는다고 했다. 형사 본인이 확인해 본 후 필요하다고 판단한 경우에 나에게는 열람만 하게 해 준다고 했다.

일단 구청에 CCTV 영상을 요청하는 접수까지만 해 놓고 며칠 동안 연락을 기다렸다. 드디어 CCTV 영상이 담당 형사에게 전달되었다는 연락을 받았다. 영상이 삭제되기 하루 전이었다. 이후 담당 형사에게서 연락이 왔다. 그런데 목소리에 풀이 죽어 있었다. CCTV 영상에서 건질 것이 별로 없다고 했다. 내가 직접 가서 보겠다고 했다. 형사가 그렇게 하라고 했다. 남자 친구와 함께 콩이를 데리고 경찰서로 갔다. 형사 두 명의 입회하에 CCTV 영상을 확인했다.

CCTV 영상의 품질은 내가 생각했던 것보다 훨씬 좋았다. 할머니가 공원 반대편 정자에 앉아 있을 때부터 아주 선명하게 찍혀 있었다. 할머니는 정자에 앉아 있다가 콩이가 공원 입구에 들어서는 걸 보더니 벌떡 일어서서 공원을 가로질러 곧장 콩이 쪽으로 이동했다. 할머니의 시선과 동선이 할머니가 콩이를 노리고 접근한다는 걸 그대로 보여주었다. 할머니가 CCTV 카메라 바로 밑에까지 왔다. 지팡이를 들고 콩이에게 위협할 찰나였다. 갑자기 CCTV 카메라가 방향을 바꾸더니 공원의 다른 쪽을 비추었다. 나는 초조하게 카메라의 방향이 다시 돌아오기를 기다렸다. 시간이 더디게 흘렀다. 한참 후 카메라가 다시 우리 쪽을 비추었다. 그때는 이미 할머니가 한참 동안 지팡이를 들고 콩이에게 위협한 뒤였다. 화면 속 할머니는 우리를 등지고 자기 갈 길을 가고 있었다.

담당 형사는 자기가 임의로 공원 근처 다른 CCTV 영상들도 전부 추가로 확보해서 살펴봤다고 했다. 그 영상들에서도 건질 것이 없었다고 했다. 내가 그 영상들도 나에게 보여줄 수 있냐고 물었다. 형사가 허락해 주었다. 내가 직접 영상들을 몇 번씩 돌려 봤지만, 진짜로 건질 것이 없었다.

담당 형사는 나에게 이 정도 자료로는 사건을 진행할 수 없는데 어떻게 하면 좋겠냐고 물었다. 나는 이렇게 대답했다. 할머니가 운이 참 좋은 것 같다고, 내가 그 운까지 어떻게 하겠냐고, 그냥 사건 접수를 취소해 달라고, 다만 할머니가 지팡이 없이도 멀쩡히 돌아다닌다는 걸 기억해 달라고, 혹시라도 조만간 할머니가 강아지를 피하다가 다쳤다는 둥 하면서 사건을 접수하면 그때 이 영상을 참고해 달라고. 형사는 알겠다고 했다. 그날 나는 그 공원에서 내가 할 수 있는 일은 다 했다는 느낌이 들었다. 더 이상 그 공원에 가지 않았다.

7.
공격 1: 자기 강아지의 공격성을 즐기는 사람들

예전부터 동네에서 오가는 길에 가끔 한 번씩 마주치던 아줌마가 있었다. 어느 날부터 아줌마가 아주 어린 강아지를 데리고 산책을 나왔다. 그 강아지는 아직 어려서 콩이보다 몸집이 훨씬 작았다. 아줌마는 콩이를 보더니 자기 강아지를 데리고 굳이 우리 쪽으로 다가왔다. 나는 아줌마가 자기 강아지를 콩이에게 인사시키려고 하는 줄 알았다.

그런데 콩이 앞에 선 그 강아지는 갑자기 뒷발로 일어서더니 두 앞발을 들어서 번갈아 가며 콩이 얼굴을 수차례 후려쳤다. 아무 강아지나 만나면 습관처럼 그렇게 하는 것 같았다.

내가 너무 놀라서 당황한 사이에 더 당황스러운 일이 벌어졌다. 콩이가 뒷발로 서더니 그 강아지의 행동을 똑같이 따라 했다. 나는 콩이 앞을 가로막으면서 소리쳤다. "안 돼! 그건 절대 안 돼!" 콩이는 앞발을 내리고 다시 네 발로 섰다. 나는 콩이를 데리고 얼른 자리를 피했다.

며칠이 지났다. 콩이와 함께 산책하고 있는데, 그 아줌마가 또 그 강아지를 데리고 우리 쪽으로 다가왔다. 나는 며칠 전에 내가 콩이에게 하는 걸 보여줬으니 아줌마도 느낀 바가 있었을 거라고 생각했다. 그런데 그 강아지는 며칠 전과 달라진 점이 없었다. 또다시 뒷발로 서더니 앞발로 콩이 얼굴을 계속 후려쳤다. 이번에 콩이는 똑같이 따라 하지 않았다. 지난번에 내가 했던 말을 기억하는 것 같았다. 고개를 이리저리 돌리면서 그걸 전부 참고 있었다. 나는 아줌마의 얼굴을 봤다. 아줌마는 그 모습을 보면서 웃고 있었다. 자기 강아지가 남의 강아지를 공격하는 게 기분이 좋은 것 같았다. 소름이 끼쳤다. 내가 두 강아지 사이에 끼어들어 다리로 그 강아지를 막았다. 그리고선 바로 콩이를 데리고 그 자리를 피했다.

산책을 마치고 집에 돌아와서도 콩이가 그 강아지에게 당하던 장면이랑 그 아줌마가 실실 웃던 표정이 두고두고 떠올랐다. 마음이 쓰리고 아팠다. 처음부터 콩이가 하는 대로 놔둘 걸 그랬나 싶기도 했다. 지난번에 내가 막지만 않았다면, 노련한 콩이가 이번에 그 강아지에게 일방적으로 당할 리 없었다.

그런데 마음을 고쳐먹었다. 복돌이를 위해 기도하던 내 모습이 떠올랐기 때문이다. 복돌이가 죽었을 때 나는 복돌이가 어디에 있든 몸 건강하고 마음 편안하게 살게 해 달라고 간절히 기도했었다. 틀림없이 콩이를 위해서도 똑같이 간절히 기도할 것이다. 그런데 콩이가 이번 생에 공격적인 강아지들을 일일이 상대하면서 살면, 다음 생에는 물론이고 이번 생에도 몸 건강하고 마음 편안하게 사는 복을 누리기 힘들 것 같았다.

다음부터 나는 그 아줌마와 그 강아지가 보이면 미리 피했다. 그런데 아줌마는 우리가 아무리 피해도 굳이 자기 강아지를 데리고 우리를 쫓아왔다. 나는 그렇게 피하기만 해선 안 될 것 같았다. 아줌마가 다가올 때 콩이를 길옆으로 붙였다. 그 강아지가 콩이에게 다가오지 못하게 내 몸으로 막고 섰다. 그 상태에서 아줌마를 노려보았다. 콩이를 한 번만 더 공격하면 내가 가만히 있지 않을 거라는 경고의 눈빛이었다. 아줌마는 내 눈빛을 보더니 주춤했다. 그리고는 자기 강아지를 데리고 물러섰다. 이후 다시는 우리에게 다가오지 않았다.

지나다니면서 보니까 그 아줌마는 나처럼 단호하게 행동하지 않는 보호자의 강아지에게는 처음에 콩이에게 했던 것처럼 그대로 하고 있었다. 강아지들끼리 인사시키는 것처럼 다가가서는 자기 강아지가 뒷발로 서서 앞발로 상대방 강아지의 얼굴을 마구 후려치면 기분 좋은 듯이 웃고 있었다. 몇 년이 지나 그 강아지의 덩치가 많이 커져 있을 때도 그 아줌마는 그 강아지를 데리고 다니면서 그렇게 했다.

가끔 강아지 놀이터에 가면 습관적으로 앞발을 들어 다른 강아지의 머리나 몸통을 후려치는 강아지들을 볼 때가 있다. 그런 강아지들은 상대방 강아지가 싫다고 표현해도 끝까지 쫓아다니면서 그렇게 한다.

그럴 때 당하는 강아지의 보호자가 깜짝 놀라서 본인 강아지를 보호하려고 하면, 공격하는 강아지의 보호자가 강아지들끼리 노는 거라고 하면서 못 하게 제지하는 경우가 있다. 그러면 당하는 강아지의 보호자들 대부분이 그냥 물러선다. 얼굴에 걱정하는 표정이 역력한데도 그렇게 한다. 공격하는 강아지의 보호자는 웃고 있다. 나는 그런 장면을 보면 참을 수가 없다. 당하는 강아지의 보호자에게 얼른 다가가서 이렇게 말해 준다. 노는 거 아니라고, 공격하는 거라고, 본인 강아지의 표정을 보라고, 본인 강아지가 지금 노는 것 같냐고. 내가 이 정도로 말하면 당하는 강아지의 보호자들 대부분은 정신을 번쩍 차리고 달려가서 자기 강아지를 안아 올린다.

다른 강아지의 머리나 몸통을 후려치는 강아지를 볼 때마다 내가 경악하는 데에는 이유가 있다. 우리 동네에서 좀 떨어진 곳에 큰 공원이 하나 있다. 거기에 가면 작은 강아지를 데리고 산책을 꾸준히 나오는 할머니를 볼 수 있었다. 그 할머니는 항상 작은 수레를 끌고 있었다. 수레 바닥에는 작은 방석과 이불이 깔려 있었다. 할머니의 강아지는 언제 봐도 참 얌전했다. 콩이를 만나면 조용히 놀았다. 어느 날 내가 할머니에게 강아지를 데리고 다니면서 수레까지 끌려면 불편하지 않은지 물어보았다. 할머니는 할머니의 집 근처에 큰 공원이 없다고 했다. 강아지에게 산책을 시켜 주기 위해 이 공원까지 오가며 매일 두 시간을 걷는다고 했다. 강아지가 중간에 힘들어하면 수레에 태워 줬다가 좀 괜찮아지면 다시 걸렸다가 하느라 수레를 꼭 끌고 다녀야 한다고 했다. 나는 할머니가 강아지를 많이 사랑하는 것 같다고 하면서 감탄했다.

　내 말을 듣더니 할머니의 눈시울이 갑자기 붉어졌다. 나는 너무 당황스러워서 아무 말도 못하고 있었다. 할머니는 예전에 공원으로 오다가 강아지가 다쳤던 이야기를 꺼냈다. 우리 동네에는 보호자가 없이 혼자 돌아다니는 제법 큰 개가 있었다. 할머니는 나에게 그 개를 아는지 물었다. 나는 대답은 하지 않고 왜 그러는지 물었다. 할머니는 언젠가 그 개가 할머니의 강아지에게 다가왔다고 했다. 할머니는 인사하려고 다가오는 줄 알았다고 했다. 이전에도 다가와 몇 번 인사한 적이 있었다고 했다. 그런데 그날은 그 개가 인사하다 말고 갑자기 앞발을 들더니 할머니의 강아지 머리를 후려쳤다고 했다. 말릴 틈도 없었다고 했다. 할머니의 강아지 눈에서 피가 뚝뚝 떨어졌다고 했다. 할머니는 강아지의 눈동자가 다친 줄 알았다고 했다. 길에다가 수레도 버리고 강아지만 안고 택시를 타고 동물 병원으로 갔다고 했다. 다행히 눈동자는 괜찮았는데, 눈동자 바로 위 눈꺼풀이 찢어져서 여러 바늘을 꿰맸다고 했다. 그때만 생각하면 지금도 마음이 아프다고 했다. 할머니의 눈에 눈물이 그렁그렁했다. 할머니는 나에게 그 개를 조심하라고 했다.

예전부터 나는 앞발을 들어서 다른 강아지의 머리나 몸통을 후려치는 강아지들을 보면 위험하다는 생각이 들었었다. 그 할머니의 이야기를 들은 후에는 그 생각이 더 확고해졌다. 그래서 그런 강아지를 볼 때마다 그 강아지의 보호자에게 저런 행동은 다른 강아지를 다치게 할 위험이 있다고 여러 번 얘기했었다. 그런데 그런 강아지들의 보호자들은 한결같이 강아지들끼리 재밌게 노는데 왜 그러냐고 하면서 불쾌감을 드러냈다. 내가 할머니의 강아지가 다쳤던 이야기를 전해도, 아랑곳하지 않았다. 그런 일을 여러 번 겪으면서 나는 강아지를 그런 식으로 키우는 보호자들은 자기 강아지가 남의 강아지에게 아무리 작은 불편이라도 끼쳐서는 안 된다는 생각 자체가 약하다는 것을 깨달았다. 그러고 보니 누가 봐도 위험한 행동인데 위험한 걸 몰랐을 리가 없다는 생각이 들었다. 몰라서가 아니라 조심할 마음이 없어서 강아지를 그런 식으로 키우는 거였다. 그래서 그런 보호자들을 설득하는 것을 포기했다. 대신 당하는 강아지의 보호자에게 조심하라고 알려주는 식으로 방법을 바꿨다.

8.
공격 2: 자기 강아지의 공격성을 자랑스러워하는 사람들

콩이가 우리 집에 오기 전에 동네에서 내가 이뻐하던 강아지가 있었다. 이웃집 할머니가 키우는 강아지였다. 강아지를 이뻐하다 보니까 할머니와도 인사하고 지냈다. 강아지는 붙임성이 좋았다. 몇 년을 지켜봤지만, 그 강아지가 그렇게 공격적인지 전혀 몰랐다.

그런데 콩이가 우리 집에 온 후 그 강아지는 콩이만 보면 미친 듯이 짖으면서 달려들었다. 당시에 나는 그 강아지가 콩이를 공격하려고 달려든다는 것을 몰랐다. 그저 콩이를 질투하는 거라고, 내가 여전히 자기를 이뻐한다는 걸 알면 곧 좋아질 거라고 생각했다.

어느 날 길을 가다가 그 강아지가 다른 강아지에게도 콩이에게 하는 것과 똑같이 하는 것을 보았다. 이후 유심히 살펴보니 그 강아지는 온 동네를 다니면서 강아지만 보이면 그렇게 하고 있었다. 질투심 때문에 콩이에게만 그러는 게 아니었다.

할머니의 남편 되는 할아버지는 그런 강아지를 골목에 풀어놓기도 했다. 한번은 콩이와 산책을 나갔는데, 어디서 덩치가 제법 큰 강아지가 미친 듯이 짖으면서 달려왔다. 그 강아지였다. 내가 얼른 콩이를 안아서 내 머리 위로 최대한 들어 올리니까 그 강아지가 내 몸을 타고 뛰어오르면서 콩이를 물려고 했다. 자기 뜻대로 되지 않자 흥분해서 내 다리에 입질도 몇 번 했다. 다행히 그때 나는 펑퍼짐한 바지를 입고 있어서 큰 상처를 입지는 않았다. 할아버지는 그 강아지가 한참 난동을 부린 후에야 어슬렁어슬렁 나타나더니 미안하다는 말도 없이 강아지를 데리고 사라졌다.

그날 나는 그 강아지의 공격성을 확실히 느꼈다. 그때부터는 할머니와 강아지가 멀리서 보이면 피했다. 그러던 어느 날 할머니가 나에게 다가와 먼저 말을 걸었다. 강아지의 버릇을 고쳐 보려고 강아지 행동을 교정해 주는 TV 프로그램에 신청해 봤는데, 방송국에서 대기자가 많다고 하면서 받아 주지 않았다고 했다. 할 수 없이 돈을 주고 강아지 훈련소에 강아지를 맡긴 적도 있었다고 했다. 그런데 그때뿐이고 집에 오면 또다시 저런다고 했다.

할머니의 하소연을 들으면서 얼었던 내 마음이 살짝 녹았다. 할머니가 그렇게까지 노력하고 있는데, 그것도 모르고 내가 너무 매몰차게 돌아선 것 같아 미안했다. 할머니가 노력하고 있으니까 강아지도 점차 좋아질 거라고 생각했다.

그때부터는 할머니와 강아지가 보여도 피하지는 않았다. 그런데 시간이 아무리 흘러도 그 강아지는 조금도 나아지지 않았다. 콩이만 보면 언제나 미친 듯이 달려들었다. 나는 그 강아지가 보이면 가던 길을 멈춘 뒤 콩이를 길옆에 붙였다. 내 몸으로 콩이를 보호한 채 그 강아지가 지나가기를 기다렸다. 콩이는 늘 그래 왔듯이 그 강아지가 자기한테 그렇게 짖고 난리를 치면서 지나가는데도 전혀 흥분하지 않았다. 그 강아지를 온화하게 바라보면서 꼬리만 천천히 흔들어 주었다. 내가 보기에, 자기는 공격할 의사가 없으니 진정하라는 뜻 같았다.

시간이 많이 흐른 어느 날이었다. 그날도 그 강아지가 콩이에게 짖으면서 달려드니까 할머니가 자기 강아지한테 웃으면서 한마디 했다. "쟤는 봐줘." 그 말이 내 귀에 꽂혔다. 그 순간 나는 할머니의 속내를 확실히 알아 버렸다. 할머니는 강아지의 버릇을 고쳐 보려고 노력하는 척했지만, 실제로는 강아지의 버릇을 고칠 마음이 없었다. 할머니는 자기 강아지가 다른 강아지들을 공격하는 것을 은근히 자랑스러워하고 있었다.

그동안 나는 할머니를 봐서 할머니의 남편 되는 할아버지까지 참아 주고 있었다. 그런데 그날 할머니가 그 강아지에게 하는 말을 듣고 난 후 할머니와 할아버지가 모두 같은 부류의 사람들이라는 것을 확실히 알았다.

그러고 보니 이상한 점이 있었다. 그동안 콩이는 그 강아지만 나타나면 마치 무슨 죄라도 지은 것처럼 길옆에 붙어서 그 강아지가 다 지나갈 때까지 기다리고 있고, 할머니의 강아지는 자기 멋대로 짖을 거 다 짖으면서 골목을 휘젓고 지나갔다. 그 상황에서 할머니는 빨리 지나가지도 않았다. 강아지의 힘을 못 이기겠다는 듯이 끌려와서는 자기 강아지를 콩이에게 한 번씩 들이대고 지나갔다.

이 모든 퍼즐이 맞춰진 후 나는 계속 참는 것은 의미가 없다는 걸 깨달았다. 단단히 마음을 먹었다. 이후 어느 날 콩이와 산책을 나갔다가 길에서 할머니와 마주쳤다. 할머니도 강아지를 데리고 나온 상태였다. 그 강아지가 콩이를 보고 짖으면서 날뛰자, 할머니는 또 못 이기겠다는 듯이 끌려와서는 자기 강아지를 콩이에게 들이댔다. 그때 처음으로 내가 그 강아지의 앞을 막아선 후 그 강아지의 얼굴 바로 앞 땅바닥을 발로 쾅쾅 구르면서 "저리 가!"라고 소리쳤다. 그 강아지의 눈을 보니 내 말이 전혀 안 들리는 것 같았다. 콩이만 노려보면서 미친 듯이 짖어 댔다. 내가 소리를 더 높여서 "야!"라고 소리쳤다. 그래도 소용없었다. 그 강아지는 소통이 전혀 안 되는 상태였다.

이후 예상치 못한 일이 벌어졌다. 반대쪽에서 오고 있던 모르는 아줌마 두 명이 우리 쪽으로 다가오면서 할머니에게 개를 그런 식으로 키우면 안 된다고 다그쳤다. 그제야 할머니는 짖으면서 날뛰고 있는 강아지를 질질 끌 듯이 데리고 사라졌다. 그 일 때문인지 어떤지는 모르겠지만, 그 일 이후로 할머니와 강아지가 다시는 내 눈앞에 나타나지 않았다. 그래서 나는 그 강아지 문제가 잘 해결된 줄 알았다.

몇 달이 지난 어느 날이었다. 산책을 나갔다가 콩이를 보고 미친 듯이 짖는 또 다른 강아지와 마주쳤다. 나는 보호자를 보지 않고 강아지만 보면서 재빨리 콩이를 데리고 자리를 피했다. 그런데 그 강아지의 보호자가 굳이 내 시선을 붙잡아서 나한테 인사를 했다. 가만히 보니까 아는 아줌마였다. 아줌마의 강아지는 원래 안 그랬는데 이상했다. 아줌마에게 강아지가 왜 그렇게 됐냐고 물어봤다.

아줌마가 하소연을 시작했다. 1년 전에 아줌마의 강아지가 이웃집 할아버지의 강아지에게 뒷다리를 물렸는데 그때 이후로 강아지만 보면 난리를 친다고 했다. 내가 그 강아지가 어떤 강아지였는지 물어보았다. 아줌마가 가리키는 곳을 보니, 앞서 말한 그 할머니의 집이었다. 할아버지가 줄을 놓쳤는데 그 강아지가 아줌마의 강아지에게 그대로 달려들었다고 했다. 아줌마의 강아지가 다친 다리를 끌고 피를 흘리면서 주차되어 있던 어떤 자동차의 밑으로 숨어 들어가는 바람에, 아줌마가 자동차 밑으로 손을 넣어 강아지를 겨우 꺼내서 안고 동물 병원으로 바로 달려갔다고 했다. 열한 바늘을 꿰맸다고 했다.

그날 그 할아버지는 아줌마의 강아지가 피를 철철 흘리는 것을 봤으면서 이후에 아줌마에게 사과 한번을 안 했다고 했다. 아줌마가 도저히 참을 수 없어서 나중에 길에서 할아버지를 마주쳤을 때 할아버지에게 한마디 했다고 했다. 할아버지가 강아지 줄을 놓쳐서 아줌마의 강아지가 많이 다쳤으니까, 앞으로는 강아지 줄을 똑바로 붙잡으라고. 그런데 할아버지는 대답도 안 하고, 사과도 안 하고, 입만 삐죽거리면서 지나갔다고 했다. 아줌마는 할아버지가 조심할 생각이 전혀 없는 것처럼 보였다고 했다.

나는 아줌마에게 그 할아버지한테서 치료비를 받아 내야지 그냥 보내면 어떡하냐고 하면서 펄쩍 뛰었다. 아줌마는 그 할아버지가 그렇게까지 뻔뻔하게 나올 줄 알았으면 그렇게 할 걸 그랬다고 했다. 그러고 보니 나도 그 강아지가 콩이를 물려고 내 몸을 타고 뛰어올랐을 때 그냥 조용히 덮고 지나갔던 일이 떠올랐다.

아줌마에게 지난번에 내가 그 강아지를 혼내 줬던 일을 이야기했다. 그때 지나가던 사람들이 같이 달려들어서 그 할머니한테 막 뭐라고 했다고 했다. 그랬더니 이후로 할머니와 강아지가 내 눈에 띄지 않는다고 했다. 아줌마에게 요즘에는 그 강아지가 동네에서 안 보이지 않냐고 물었다. 아줌마는 무슨 말이냐고 하면서 요즘도 여전히 동네를 휘젓고 다닌다고 했다. 아줌마가 오히려 그 강아지를 피해 다닌다고 했다.

아줌마의 말을 듣고 보니 그 강아지 문제는 해결된 게 아니었다. 심지어 그 강아지가 실제로 다른 강아지를 물어서 큰 상처까지 냈다는 건 그 강아지가 내가 생각했던 것보다 훨씬 더 위험하다는 것을 뜻했다. 앞으로도 경계를 늦추면 안 될 것 같다.

9.
거부 1: 강아지 동반 승차를 거부하는 대중교통

예전에 복돌이를 키울 때는 강아지를 데리고 버스를 타기가 어려웠다. 버스 기사 마음대로 였다. 기사가 태워 주면 타고, 기사가 안 된다고 하면 그냥 못 탔다. 한번은 지방에 가려고 시외버스 터미널에 갔다. 그날 기사들은 유난히 까다로웠다. 기사들마다 전부 안 된다고 해서 시외버스 다섯 대를 그냥 보내면서 기다렸다. 그렇게 기사들마다 찾아가서 사정하다가 결국 안 돼서 시내버스를 수도 없이 갈아타면서 갔다. 중간에 시내버스 노선이 연결되어 있지 않은 구간도 있었다. 그 구간에서는 비가 오는데 차가 쌩쌩 달리는 국도를 따라 복돌이를 안고 걸었다. 그날 승차 거부의 쓴맛을 제대로 맛본 후 나는 무리해서 중고차를 한 대 샀다.

콩이를 키울 때는 대중교통을 이용할 때 승차 거부를 당한 적이 없다. 지금은 대부분의 대중교통 운영 사업자 측에서 강아지를 케이지나 가방 등에 태운 경우 강아지 동반 승차를 허용하도록 하는 운송 약관을 만들어 놓고 있다. 대신 강아지 얼굴이 케이지나 가방 밖으로 나오지 않도록 해야 한다.

나는 몸이 아파서 케이지를 들거나 가방을 옆으로 메기는 힘들 것 같았다. 가방끈을 내 양쪽 어깨에 건 뒤 앞으로 메는 형태의 가방을 구입했다. 가방의 위쪽과 옆쪽에 통풍 창이 있어서 콩이도 가방 안에서 밖을 볼 수 있고 나도 가방 안에 있는 콩이를 볼 수 있다. 콩이를 그 가방에 태우고 대중교통을 탔을 때 승차 거부를 당한 적은 한 번도 없었다.

이런 방법이 있다는 것을 모르는 사람들이 아직도 많다. 가끔 사람들이 자기네는 강아지를 데리고 버스에 타려고 했다가 승차 거부를 당한 적이 많은데 나는 어떻게 강아지를 데리고 다니냐고 묻는다. 나는 내 강아지 가방을 보여주면서 강아지를 이런 가방에 태우면 강아지 동반 승차가 가능하다고 설명해 준다. 내가 콩이에게 "콩이, 가방에 들어가."라고 말하면 콩이가 고개를 숙이고 가방에 얼른 들어가고 내가 가방의 지퍼를 닫는 것까지 보여준다. 그 장면을 본 사람들은 신기해하면서 한결같이 자기 강아지는 가방에 안 들어갈 거라고 말한다. 나는 나도 이렇게 훈련시키기까지 쉽지 않았다고 말한다. 하지만 처음에 훈련시키기가 힘들어서 그렇지, 가방에 타기만 하면 좋은 데 간다는 걸 알면 강아지가 금방 가방에 타는 걸 좋아한다고 말해준다.

콩이는 강아지 가방을 타고 비행기도 여러 번 탔다. 콩이는 체중이 적게 나가기 때문에 강아지 가방 무게까지 다 합쳐도 기내 탑승을 위한 중량 제한을 넘지 않는다. 처음에는 항공사에서 강아지의 기내 탑승을 허용하긴 해도 어쩔 수 없이 하는 것이지 좋아서 하는 건 아닐 거라고 생각했다. 그런데 실제 이용해 보니까 오히려 반대였다. 강아지 탑승을 장려하기 위해 프로모션을 진행하는 경우도 있었다. 강아지용 고급 간식을 선물로 받은 적도 있다.

그런데 비행기를 탈 때 한 가지 불편한 점이 있다. 다른 대중교통에는 없는 특이한 규정이 비행기에만 있기 때문이다. 탑승 후 강아지 가방을 벗어서 바닥에 내려놓아야 한다는 규정이다. 콩이는 내가 강아지 가방을 메고 있는 상태에서는 비행기가 이륙하든, 난기류를 만나 흔들리든, 착륙하든 전혀 개의치 않고 강아지 가방 안에서 얌전히 기다린다. 그런데 내가 가방을 벗는 순간 놀라서 어찌할 바를 몰라 한다. 그 상태에서 시간이 계속 지체되면, 나중에는 눈이 완전히 뒤집어져서 강아지 가방 안에서 거의 발작에 가깝게 발버둥을 친다.

이 상황에서 엎친 데 덮친 격으로 규정에 병적으로 집착하는 승무원을 만날 때가 있다. 그런 승무원들은 조금 전까지 강아지 가방 안에서 멀쩡하게 있던 콩이가 내가 강아지 가방을 벗는 순간 갑자기 놀라서 어쩔 줄 몰라 하는 걸 뻔히 보면서도 양해해 주지 않는다. 내가 특별한 도움을 요청한 것도 아니고 그냥 내 가방을 내가 메고 있겠다고 하는데, 절대 안 된다고 한다. 무조건 강아지 가방을 벗어서 바닥에 내려놓으라고 한다. 그게 항공사 규정이라고 한다.

한번은 규정을 강요하는 승무원에게 그 규정이 왜 필요한지 물어보았다. 승무원은 그게 안전해서 그렇게 한다고 했다. 나는 강아지 가방의 버클을 내 등 뒤에서 채운 것까지 보여주면서, 강아지 가방을 내 몸에 밀착시키는 것보다 강아지 가방을 내 몸에서 떼어 바닥에 내려놓는 게 어떻게 더 안전하냐고 물어보았다. 강아지가 발버둥 쳐서 강아지 가방이 이리저리 굴러다니기라도 하면 강아지에게도 승객들에게도 더 위험하지 않겠냐고도 물어보았다. 그 승무원은 내 질문에 대답도 못 하면서 무조건 강아지 가방을 벗어서 바닥에 내려놓으라고 했다.

콩이가 발버둥을 치는 와중에 강아지 가방의 지퍼가 열린 적도 있었다. 콩이가 가방의 열린 틈으로 얼굴을 내밀려고 애를 썼다. 그날 나에게 강아지 가방을 벗어서 바닥에 내려놓으라고 강요했던 승무원은 계속 우리만 지켜보고 있었는지 지퍼가 열리자마자 달려와서 당장 지퍼를 잠그라고 나를 닦달했다. 안 그래도 나는 다른 누구도 아닌 콩이가 걱정되어 지퍼를 최대한 빨리 잠그려고 노력하고 있었다. 그런데 콩이가 발버둥을 치고 있는 상태에서 강제로 지퍼를 잠그려고 하니까 너무 힘들었다. 오히려 지퍼가 점점 더 열렸다. 그 승무원은 내가 애쓰는 걸 보면서도 잠시도 기다려주지 않고 당장 지퍼를 잠그라고 계속 말하면서 나를 더 정신없게 만들었다.

  그날 나는 강아지 가방의 지퍼를 겨우 잠근 후 도저히 안 될 것 같아 수석 승무원을 불러 달라고 했다. 잠시 후 수석 승무원이 와서 왜 그러냐고 물었다. 나는 내 강아지가 내가 강아지 가방을 메고 있으면 아무런 문제가 없는데, 내가 강아지 가방을 벗어서 바닥에 내려놓으면 놀라서 경기를 한다고 했다. 강아지 가방을 메고 있으면 안 되겠냐고 물었다. 수석 승무원은 흔쾌히 그렇게 하라고 했다. 내가 강아지 가방을 다시 메자, 콩이는 그동안 놀라서 발버둥을 치느라 힘들었는지 가방 안에서 금방 잠이 들었다. 비행기에서 내릴 때, 수석 승무원이 나에게 다가와 강아지는 좀 어떠냐고 물었다. 내가 강아지 가방 안을 보여주면서 아직 잔다고 하니까, 지쳐 잠든 콩이를 보더니 웃었다.

  이런 불편한 점이 아직 남아 있기는 해도 이제는 대중교통을 이용할 때 강아지를 데리고 있다는 이유로 적어도 승차 거부를 당하지는 않는다. 그런데 여전히 강아지를 데리고 있다는 이유만으로 입장 거부를 당할 때가 많다. 식당과 숙박업소를 이용할 때이다.

10.
거부 2: 강아지 동반 입장을 거부하는 식당

　식당에 들어가기 전에 내가 항상 하는 일이 있다. 일단 식당 밖에서 콩이를 강아지 가방에 태운다. 다음으로 식당 입구에 서서 식당 주인을 찾는다. 주인이 나오면 강아지 가방에 타고 있는 콩이를 보여주면서 얌전한 강아지가 있는데 같이 들어가서 식사해도 되는지 묻는다. 이렇게 했을 때, 콩이를 살펴본 뒤 괜찮으니까 들어오라고 하는 식당도 있다. 하지만 안 된다고 거부하는 식당이 절대적으로 많다. 어떤 때는 좋게 안 된다고 대답만 하는 것이 아니라 장사하는 데에 재수 없게 만든다고 하면서 굳이 우리를 힘으로 밀어내는 식당도 있었다.

　손님을 놓치기 싫은지 나에게 강아지는 밖에다 묶어 두고 사람만 들어와서 밥을 먹으라고 하는 식당도 있었다. 나는 한 끼를

굶으면 굶었지, 그렇게는 못 한다. 그런데 지나가다 보면 식당 밖에 묶여 있는 강아지가 식당을 향해 죽어라 짖고 있는 모습을 볼 때가 있다. 나는 한 번도 그렇게 해 본 적은 없지만, 상상만 해 봐도 내 강아지가 그렇게 밖에 혼자 있으면 강아지를 잃어버릴까 봐 불안해서 밥이 목구멍으로 넘어가지 않을 것 같다. 게다가 죽어라 짖는 강아지는 어쨌든 그곳에 그대로 있다는 확인이라도 가능할 것 같은데, 콩이는 잘 짖지도 않으니까 그마저도 확인할 수 없어 더 불안할 것 같다.

강아지를 차에 혼자 두고 식당에 들어가는 사람들도 여러 번 봤다. 나도 예전에 복돌이를 키울 때는 그렇게 한 적이 몇 번 있었다. 하지만 콩이를 키울 때는 그마저도 하지 않는다. 이제는 식당에서 콩이의 입장을 거부하면, 다른 사람들이 식당에 들어가서 식사하는 동안 나는 콩이랑 같이 식당 밖에서 기다린다. 식당에 들어간 사람들이 식당에 양해를 구한 뒤 내가 먹을 거를 밖에 내다 줘서 콩이 옆에 앉아서 먹은 적도 몇 번 있다.

내가 이렇게 하는 데에는 이유가 있다. 언젠가 콩이를 데리고 여행을 갔다가 어떤 할머니를 만났다. 할머니가 나에게 강아지를 많이 이뻐하는 것 같다고 하면서 먼저 말을 걸었다. 할머니는 자기 아들도 나처럼 강아지를 많이 이뻐한다고 했다. 나를 보니까 자기 아들 생각이 난다고 했다. 그러면서 본인은 강아지가 왜 그렇게까지 이쁜지 아직 잘 모르겠다고 했다.

그런데 나를 보는 할머니의 눈빛이 특이했다. 보통 강아지를 이뻐하지 않는 사람들이 강아지를 이뻐하는 사람을 볼 때 보이는 눈빛이 있다. 약간 경멸이 섞인 눈빛이다. 그런데 그 할머니의 눈빛은 달랐다. 내가 어느 정도로 강아지를 이뻐하는지 내 마음을 안다는 눈빛이었다. 나는 어떻게 해서 강아지를 이뻐하지 않는 할머니가 강아지를 이뻐하는 사람의 마음을 이해하게 되었는지 신기했다.

이어서 할머니가 자기 아들 이야기를 조금 더 했다. 할머니의 아들은 가족들이 모두 식당에 밥을 먹으러 갔다가도 식당에서 강아지를 못 들어오게 하면 자기 혼자 밥을 굶으면서 강아지와 함께 차에서 기다린다고 했다. 그 이야기를 하면서 할머니는 강아지와 함께 있기 위해 밥을 굶던 아들 생각이 난 것 같았다. 할머니의 눈에서 처음 나에게 말을 걸 때와 같은 눈빛이 한 번 더 빛났다. 강아지를 이뻐하는 사람은 착한 사람이라고 생각하는 것 같은 눈빛이었다.

그때까지 나는 강아지를 위해 한 끼 밥을 굶는 게 그렇게 대단한 일인 줄 몰랐었다. 그런데 그 할머니를 보니 강아지를 이뻐하지 않는 사람의 입장에서는 누군가가 오롯이 강아지만을 위해 밥을 한 끼 굶으면 엄청 대단해 보일 수 있겠다는 생각이 들었다.

내 주변에는 강아지를 이뻐하지 않거나 강아지를 이뻐하더라도 나만큼은 아닌 사람들이 많았다. 그러다 보니 내가 복돌이를 데리고 식당에 들어가려고 했을 때, 같이 밥을 먹으러 간 사람들이 나를 도와주는 게 아니라 오히려 안 좋은 눈빛으로 나를 쳐다

보는 경우가 많았다. 복돌이 때문에 자기들까지 불편하다는 눈빛이었다. 그 할머니를 보고 난 후 나는 나도 그런 사람들 앞에서 할머니의 아들처럼 해 봐야겠다고 생각했다.

이후 일행들과 식당에 갈 일이 있었다. 콩이도 함께였다. 그런데 식당에서 콩이는 입장할 수 없다고 거부하는 일이 또 벌어졌다. 나는 일행들에게 내가 콩이와 함께 식당 밖에서 기다릴 테니 다들 식사하고 오라고 말하며 뒤로 물러섰다. 그러자 정말 신기하게도 내 말을 들은 사람들이 복돌이 때와는 완전히 달라진 눈빛으로 나를 다시 보았다. 예전에 만났던 그 할머니의 눈빛과 똑같은 눈빛이었다. 그제야 사람들이 내가 콩이를 얼마나 소중하게 여기는지를 제대로 이해하는 느낌이 들었다. 나를 보는 눈빛만 바뀐 게 아니었다. 이후 사람들이 콩이를 대하는 태도도 완전히 달라졌다. 콩이를 엄청 살뜰히 챙겨 주었다.

그런데 사람들의 이런 심리를 알고 나자 내 머릿속에 반대 상황이 그려졌다. 예전에 내가 복돌이를 혼자 차에 두고 사람들과 함께 식당에 들어갔을 때, 내 행동을 본 사람들이 복돌이를 어떻게 생각했을까 싶었다. 복돌이가 나에게 한 끼 밥보다 못한 존재라고 생각했을 수 있다. 그래서 그 할머니를 만난 뒤부터 나는 절대 콩이를 혼자 차에 두고 식당에 들어가지 않는다.

강아지 동반 입장을 거부하는 식당에서 자주 하는 말이 있다. 강아지를 싫어하는 손님들이 있어서 어쩔 수 없다고 한다. 한번은 그런 손님 때문에 내가 밥을 먹다가 쫓겨난 적도 있다. 그날도 식당에 미리 양해를 구하고 콩이를 데리고 들어갔었다. 콩이는 강아지 가방에 탄 상태에서 얌전히 앉아 있었다. 강아지 가방을 우리 일행들 사이의 의자에 놓았기 때문에, 콩이가 얼굴을 내밀고 있기는 했지만 얼핏 봐서는 보이지도 않았다.

한창 식사하고 있는데, 식당 주인이 우리 테이블로 오더니 나에게 조용히 말을 꺼냈다. 옆 테이블 손님이 콩이를 보고 강아지를 왜 식당에 들어오게 한 거냐면서 항의를 했다고 했다. 그러면서 내가 식사하는 동안 콩이를 밖에다 묶어 두면 안 되겠냐고 했다. 내가 그렇게 했다가 콩이를 잃어버리면 책임질 거냐고 묻자, 식당 주인은 식당 직원 한 명이 따라 나가서 같이 있게 하면 어떻겠냐고 물었다. 내가 황당해하자, 나와 같이 갔던 일행들이 강아지가 짖기를 했냐, 돌아다니기를 했냐, 왜 가만히 있는 강아지한테 시비를 거냐고 하면서 식당 주인에게 불편한 기색을 드러냈다. 나는 식당 주인에게 항의를 했다는 옆 테이블 손님의 얼굴을 한 번 봤다. 내가 좋게 양해를 구한다고 해서 물러설 기세가 아니었다. 내가 가만히 생각해 보니까, 식당 주인이 나에게 와서 양해를 구했다는 건 항의하는 손님이 아니라 콩이를 내보내기로 이미 마음을 정했다는 뜻이었다. 나는 일행들에게 그냥 내가 콩이랑 같이 식당 밖에서 기다리겠다고 했다. 그렇게 해서 그날 나는 밥을 먹다가 말고 콩이와 함께 식당 밖으로 나왔다.

나는 강아지가 싫다고 항의하는 손님들보다 그런 손님들의 말에 휘둘리는 식당 주인들이 더 이해가 안 된다. 만약 그런 손님들이 애들이 싫다, 노인들이 싫다, 장애인이 싫다, 외국인이 싫다고 하면, 그때도 똑같이 행동할 건지 궁금하다. 식당의 영업을 방해하고 있는 게 보호자가 식사하는 동안 옆에서 조용히 기다리는 강아지인지, 옆 테이블을 기웃거려 굳이 강아지를 찾아내서 식당 주인에게 항의하는 사람인지를 구분하는 게 그렇게 어려운 일인지 모르겠다.

식당 주인들이 왜 갈피를 못 잡고 강아지를 싫어하는 손님들에게 휘둘리는지 나름대로 이유를 생각해 봤다. 그동안 콩이와 함께 식당에 들어갔다가 식사를 마치고 나올 때쯤 식당 주인들에게서 이런 말을 많이 들었었다. 본인도 강아지를 많이 키워 봤지만, 콩이처럼 얌전한 강아지는 본 적이 없다고. 그런 식당 주인들은 강아지가 정말 사람들이 식사를 끝낼 때까지 얌전히 있을지 아니면 중간에 말썽을 부릴지 확신을 못 할 수 있다. 그래서 내가 콩이는 얌전한 강아지라고 말해도 내 말을 믿지 못하고 강아지가 싫다고 항의하는 사람들의 눈치를 보는 게 아닌가 싶다.

많지는 않지만, 콩이를 받아 주는 식당을 만날 때가 있다. 그런 경우에는 식사를 다 하고 나올 때쯤 콩이가 그 식당 안에서 인기 스타가 되어 있을 때가 많다. 식당 주인은 물론이고 직원들까지 콩이를 지켜본 많은 사람들이 콩이에게 감동한다. 나에게 강아지가 어쩌면 이렇게 얌전할 수 있냐고 묻고 또 묻는다.

우리 동네에는 출입문에 강아지 출입 금지 스티커를 붙여 놓은 식당이 있었다. 그 식당의 주인 아저씨는 산책하는 콩이를 몇 번 보고는 콩이에게 반했다. 한번은 내가 콩이를 데리고 아저씨네 식당에 들어가서 식사해도 되냐고 물어봤다. 아저씨가 허락해 주었다. 아저씨는 내가 식사하는 동안 내 옆에 얌전히 앉아서 나를 기다려주는 콩이를 지켜본 후 완전히 콩이의 팬이 되었다. 이후 내가 콩이를 데리고 아저씨네 식당에 가면 아저씨는 나보다 콩이를 더 반겼다. 아르바이트생이 바뀔 때마다 굳이 그 사람을 우리 테이블로 데리고 와서는 콩이를 가리키며 "얘는 무조건 통과야. 얘는 강아지가 아니라 사람이야."라고 미리 단단히 일러두었다.

  이런 좋은 일들이 쌓여 갈수록 나는 콩이가 많은 사람들에게 강아지에 대한 인식을 새롭게 심어 주고 있는 것 같아 뿌듯하다. 그래서 콩이가 있다는 이유만으로 식당에서 입장 거부를 당해도, 밥을 먹다가 쫓겨나도 굴하지 않는다. 여전히 어디를 가든 콩이를 데리고 다닌다. 식당에 들어가서 밥을 먹어야 할 때면 눈치 보지 않고 이 식당, 저 식당 돌아다니면서 당당하게 묻는다. 얌전한 강아지가 있는데 같이 들어가서 식사해도 괜찮겠냐고.

11.
거부 3: 강아지 동반 숙박을 거부하는 숙박업소

콩이와 함께 여행할 때 숙소를 잡는 건 정말 어렵다. 요즘은 반려견 동반 숙소라는 것도 많이 생겼지만, 나는 웬만해선 이용하지 않고 있다. 일단 가격이 비싼 편이라서 여행 경비가 많이 올라간다. 위치도 외진 곳에 있는 경우가 많다. 그런 숙소는 한 번 들어갔다가 나오려면 시간이 많이 걸린다. 여행하면서 하룻밤 묵어가기 위해 숙소를 잡는 게 아니라 숙소 자체가 여행의 목적이 되는 느낌이다. 여행을 가면 콩이에게 다양한 경험을 하게 해 주려고 이곳저곳을 열심히 걸어 다니는 내 여행 스타일에는 맞지 않는다.

어차피 깨끗하게 씻을 수 있고 안전하게 잘 수만 있으면 되기 때문에, 최대한 우리의 이동 경로 가까이에 있으면서 가격이 부담스럽지 않은 일반 숙소 중에서 알아본다. 그런데 내가 콩이는 짖지도 않고 대소변도 밖에서 한다고 말해도 내 말을 믿지 못하는 사람들이 많다. 숙박업소 측에서는 실제로 안 그런 강아지를 데리고 다니면서 말만 그렇게 하는 사람들한테 많이 당했다고 했다.

   숙박업소 측의 고충을 몸소 체험한 적이 있다. 그 숙박업소도 반려견 동반 숙소가 아닌 일반 숙소였다. 그 숙박업소는 내가 전화로 강아지를 데리고 있다고 말했을 때 비교적 쉽게 숙박을 허락해 주었다. 우리가 숙박업소에 도착해서 보니까, 또 다른 숙박객이 데리고 온 강아지가 공용 마당에서 뛰어다니고 있었다. 그런데 그 강아지는 헛짖음이 심했다. 아무 일도 없는데 굳이 짖으면서 뛰어다녔다. 그 숙박객은 강아지를 조용히 시킬 생각이 별로 없어 보였다. 강아지가 저녁 늦게까지 끊임없이 짖어 대니까 강아지를 데리고 다니는 나도 편치 않았다. 강아지를 데리고 오지 않은 숙박객이나 심지어 강아지를 좋아하지 않는 숙박객은 숙박업소에 항의할 가능성이 높아 보였다.

   자려고 누웠는데, 이번에는 베개에서 강아지 소변 찌든 냄새가 진동했다. 몸이 너무 피곤해서 한 번 누우니까 바로 일어날 수가 없었다. 어떻게든 참고 자 보려고 했다. 그런데 참는 것은 별개의 문제이고, 아무리 돌아누워도 냄새 때문에 자꾸 잠에서 깼다. 그날 밤에 잠을 설쳤다. 새벽에 일어나서 불을 켜고 베개를 다시 살펴보았다. 베개 커버에 소변 자국이 없는 걸로 보아 커버는 세

탁을 한 것 같았다. 그런데 베개에 코를 가까이 대고 냄새를 맡자, 밤에 잘 때 맡았던 그 냄새가 코를 찔렀다. 커버 안쪽에 있는 솜은 세탁이 제대로 안 된 것 같았다.

가끔은 숙박업소 측에서 먼저 강아지 동반 숙박을 거부하는 이유를 정확히 말해 주는 경우도 있다. 그럴 때는 감사하다. 나는 숙박업소 측의 고충을 알고 있다고 하면서, 만약 그런 문제가 발생하면 그 문제를 해결하는 비용을 내가 전부 추가로 지불하겠다고 말해 본다. 그래도 안 된다고 하는 숙박업소도 있지만, 내가 그렇게까지 적극적으로 나서면 한 번 믿어 주는 숙박업소도 있다. 지금까지 콩이와 나는 함께 여행을 숱하게 다녔지만, 숙박업소에 자그마한 폐라도 끼친 적이 한 번도 없다. 그래서 내가 추가 비용을 물어 준 적은 없다.

콩이는 숙소에 가서도 집에 있을 때와 똑같이 한다. 바깥에서 사람들이 떠들면서 돌아다니든 말든, 다른 강아지들이 짖으면서 뛰어다니든 말든 짖지 않는다. 실내에서는 배변을 하지 않는다. 산책을 갔다 오면 발을 비누로 깨끗이 씻어줄 때까지 실내로 들어오지 않고 신발 벗는 곳에서 기다린다.

하루를 묵어도 나는 숙소를 내가 원하는 수준까지 깨끗하게 만든 후 사용한다. 콩이는 새로운 공간에 가면 코로 샅샅이 냄새를 맡아서 지형지물을 파악하기 때문에, 바닥에 지저분한 것이 있으면 코에 묻을 수 있다. 그렇게 묻은 것들이 콩이가 혓바닥으로 코를 핥을 때 콩이 몸 속으로 들어갈 수 있다. 그래서 나는 숙소에 들어가면 콩이에게 강아지 가방 안에서 기다려 달라고 한 뒤 내가 먼저 바닥에 무릎을 꿇고 기어다니면서 물티슈로 구석구석 닦는다. 지금까지 닦아 본 수많은 숙소들 중에서 바닥에 먼지와 머리카락이 없었던 숙소는 없었다. 겉으로 보기에는 청소가 잘되어 있는 것 같은 숙소라도 막상 바닥을 손으로 직접 닦아 보면 엄청난 것들이 닦여 나왔다.

다른 사람들이 보기에도 우리는 조용하고 깨끗하게 숙소를 이용하는 것 같다. 한번은 여러 사람이 함께 콩이를 데리고 여행한 적이 있었다. 사람들이 나에게 우리가 강아지가 있다고 말 안 하면 아무도 모를 정도인데 뭐 하러 말을 해서 입장 거부를 당하냐고 하면서 말하지 말고 조용히 들어가자고 했다.

굳이 내가 숙박업소에 강아지가 있다고 밝히고 사정하는 이유가 있다. 나는 콩이처럼 점잖고 깔끔한 강아지도 있다는 것을 좀 더 많은 숙박업소에서 알았으면 좋겠다. 지금까지 콩이를 한 번 받아 준 숙박업소는 다음에 내가 연락했을 때 우리를 기억하고 흔쾌히 받아 줬다. 콩이와 함께 전국을 돌아다니면서 숙박업소를 운영하는 사람들에게 강아지에 대해 좋은 인식을 심어 주는 것 같아 뿌듯하다.

12.
권유: 강아지 추가 입양을 권유하는 사람들

우리 집에서 좀 떨어진 곳에 큰 공원이 하나 있다. 콩이가 IMHA에 걸려 동물 병원에 입원하기 전까지 몇 년 동안은 매일 새벽마다 콩이와 함께 걸어서 그 공원으로 산책을 다녔었다. 몇 년을 그렇게 다니다 보니까 공원에서 운동하는 사람 몇몇과는 인사도 하고 지냈다. 그중에 할아버지도 한 명 있었다. 그 할아버지는 우리처럼 매일 나와서 공원에 설치된 운동 기구에서 운동을 했다.

하루는 내가 콩이와 함께 지나가는데, 할아버지가 옆에서 운동하고 있는 다른 사람들에게 나를 가리키면서 이렇게 말했다. "저 사람은 강아지를 참 잘 돌보는 것 같지 않아?" 할아버지의 말에 한 아줌마가 나를 비난하는 듯한 말투로 쏘아붙였다. "아니, 개를 저렇게 돌볼 것 같으면 가난한 집 애들 좀 데려다가 돌봐 주지."

그 아줌마의 말이 순간적으로 내 귀에 꽂혀서 떠나질 않았다. 기분이 확 나빠졌다. 콩이가 나에게 어떤 강아지인지 잘 알지도 못하면서 함부로 하찮다는 듯이 말하는 경박한 태도가 제일 먼저 거슬렸다. 또 본인이 강아지를 이뻐하지 않으면 그만이지, 굳이 강아지를 잘 돌보는 사람을 비난까지 하는 것은 선을 넘는 행동이라는 생각이 들었다. 나도 한마디 하고 싶었다. 그런데 그즈음에 나는 몸 상태가 매우 안 좋았다. 그날 아침에도 아픈 몸을 이끌고 겨우 걷는 중이었다. 말할 힘도 없었다. 못 들은 척하고 자리를 피했다.

그 아줌마로 인해 생겨난 불쾌감은 시간이 흘러도 영 풀리지 않았다. 한동안 언짢아하다가 남자 친구에게 그 아줌마의 말을 전하며 어떻게 생각하냐고 물었다. 남자 친구는 그 말을 듣자마자 다른 이유로 황당해했다. 가난한 사람은 자기 자식을 남한테 돌보라고 선뜻 내주냐고 했다. 남자 친구는 "가난"이라는 단어에 꽂혀 있었다.

남자 친구의 말을 듣고 보니 나는 또 다른 이유로 그 아줌마의 말이 황당했다. 나는 아파서 몇 년째 일을 하지 못해 경제적으로 여유가 없는 상태였다. 콩이 양육비로 한 달에 평균적으로 5만 원을 쓰고 있었다. 한 달에 5만 원으로 사람 아이도 돌볼 수 있을지 생각해 보았다. 도저히 계산이 안 나왔다. 밥만 줘도 5만 원으로는 안 될 것 같았다.

   나는 남자 친구에게 나도 경제적으로 여유가 없는데 그 아줌마가 왜 나한테 그런 말을 했을지 이해가 안 된다고 했다. 남자 친구는 웃으면서 내가 콩이를 항상 깔끔하게 해서 데리고 다니기 때문에 남들 눈에는 내가 콩이한테 돈을 많이 쓰는 것처럼 보였을 수 있다고 했다.

   그 말을 들으니 그나마 안심이 되었다. 내가 콩이에게도 돈을 아껴서 쓸 수밖에 없는 상황이라서 혹시라도 콩이에게 뭔가가 부족할까 봐 항상 마음이 쓰였다. 그런데 남들 눈에는 내가 콩이에게 충분히 잘해 주고 있다고 비치는 것이었다. 남들이 그렇게 본다고 해서 달라지는 건 없겠지만, 어쨌든 남들 눈에라도 콩이가 부족함 없이 사는 것처럼 보인다니 그나마 다행이었다.

   그로부터 두세 달 정도 지났을 때였다. 그날따라 나는 몸 상태가 너무 안 좋았다. 일어나 앉지도 못했다. 할 수 없이 남자 친구에게 콩이 오후 산책을 부탁했다. 나는 누워서 쉬고 있었다.

   산책을 다녀온 남자 친구가 상기된 목소리로 누워 있는 나에게 말을 걸었다. 콩이를 산책시키고 있는데 어떤 아줌마가 남자 친구에게 다가왔다고 했다. 처음 보는 사람이었다고 했다. 아줌마가 남자 친구에게 강아지가 보통 몇 살까지 사느냐고 물었다고 했다. 남자 친구는 요즘은 20년 넘게 사는 강아지도 있다고 대답했다고 했다. 대답을 듣더니 아줌마가 남자 친구에게 자기 집에 두 살짜리 검은색 푸들이 있는데 데려가서 키우지 않겠냐고 했다고 했다. 대소변을 잘 가린다고 했다고 했다. 남자 친구는 나에게 그 아줌마가 처음 보는 사람한테 그런 말을 갑자기 꺼냈겠냐고 했다. 예전부터 내가 콩이를 키우는 걸 지켜보고 있었을 거라고 했다. 내가 콩이를 키우는 게 좋아 보이니까 그런 말을 꺼냈을 거라고 했다. 나한테 그 강아지를 키우는 것에 대해 어떻게 생각하냐고 물었다.

나는 힘없는 목소리로 남자 친구에게 키우고 싶으면 키우라고 했다. 남자 친구는 그 아줌마가 자기에게 키우라고 한 것 같냐고 했다. 묻기는 자기한테 물었어도 나한테 키우라는 뜻이라고 했다. 나는 남자 친구에게 지금 내 상태가 강아지를 하나 더 키울 수 있을 것처럼 보이냐고 물었다. 내 강아지도 산책을 못 시켜서 남자 친구한테 부탁하는데 남의 강아지까지 데려다가 내가 무슨 수로 감당하냐고 물었다. 남자 친구는 콩이도 친구가 있으면 좋지 않겠냐고 했다. 나는 그러니까 남자 친구가 콩이 친구한테 밥도 주고, 산책도 시켜 주고, 목욕이랑 미용도 시켜줄 수 있으면 키우라고 했다. 내가 이렇게까지 나오자 남자 친구가 한풀 꺾였다.

그래도 남자 친구는 포기하지 않고 말을 이어갔다. 콩이가 나만 바라보고 있을 때보다 친구가 있으면 내가 덜 힘들지 않겠냐고 했다. 나는 남자 친구에게 내가 콩이에게 주는 손길이 강아지 친구도 줄 수 있는 손길이냐고 물었다. 서로 대체가 되어야 그 말이 성립하지 않겠냐고 했다. 남자 친구는 가만히 생각해 보더니 대체가 안 될 것 같다고 대답했다. 나는 남자 친구에게 콩이도 내 손길이 필요하고 콩이 친구도 내 손길이 필요한데, 우리 집에 콩이 친구가 들어오면 내가 콩이에게 주던 손길을 콩이와 콩이 친구에게 나눠서 줘야 하지 않겠냐고 물었다. 그러면 콩이도 콩이 친구도 내 손길이 부족하다고 느낄 거라고 했다. 내가 손길을 두 배로 늘려서 콩이에게 주던 손길을 똑같이 콩이 친구에게도 줄 수 있으면 모르겠는데, 지금 내 몸 상태가 그렇게는 안 될 것 같다고 했다. 내가 그 강아지를 콩이만큼 돌보지 못한다면 그 강아지가 스트레스를 받을 거고, 그 영향이 고스란히 콩이에게 돌아올 거라고 했다. 남자 친구는 그건 절대 안 된다고 하면서 무슨 말인지 알겠다고 했다.

가끔은 나에게 이런 말을 하는 사람들도 있었다. 콩이도 나이가 들어가고 있으니까 콩이가 죽었을 때를 대비해서 미리 어린 강아지를 입양해 놓는 게 좋을 수 있다고. 나는 그 부분에 대해서도 사람들과 생각이 다르다. 복돌이 때 겪어 봤기 때문에, 그 슬픔과 고통에 대해서는 이미 잘 알고 있다. 하지만 복돌이가 죽은 이후 지금까지 단 한 번도 그때 미리 다른 강아지를 추가로 키우고 있었으면 좋았을 것 같다는 생각은 해 본 적이 없다. 오히려 그때 다른 강아지가 없었기 때문에, 복돌이를 충분히 그리워할 수 있었고, 복돌이에게 잘 못해 줬던 것들을 두고두고 돌이켜 볼 수 있었다. 그리고 그런 그리움과 반성의 시간이 있었기 때문에, 나중에 콩이에게는 좀 더 잘해 줄 수 있었다.

지금까지 많은 사람들이 이러저러한 이유를 들어 나에게 강아지를 좀 더 입양하라고 권유했다. 나는 몸도 아프고 경제적으로 여유도 없는데 사람들이 왜 나한테 자꾸 강아지를 더 입양하라고 하는지 이해가 안 되었었다. 가만히 생각해 보니, 사람들이 내가 콩이를 돌보는 모습을 보고 내가 강아지를 돌보는 능력이 뛰어나다고 생각한 것 같았다. 가난한 집 아이들을 데려다가 돌봐 주지 않는다고 나를 비난했던 아줌마 역시 내가 콩이를 돌볼 정도의 실력이면 사람 아이도 잘 돌볼 수 있다고 생각한 것 같았다.

내가 콩이니까 잘 돌보는 거라고 다른 강아지는 잘 돌볼 자신이 없다고 말해도 믿지 않는 사람들이 많다. 돌이켜 보니 나도 내 말을 곧이곧대로 받아들이지 않는 그 사람들의 입장이었던 때가 있었다. 가끔 보면 학교 성적이 전반적으로 좋지 않은데 특정 과목의 성적만 뛰어난 학생이 있다. 나는 특정 과목의 성적이 뛰어나다는 건 그 학생이 공부하는 방법을 이미 터득했음을 의미한다고 생각했다. 그 방법을 다른 과목에도 그대로 적용하면 전체적으로 성적을 올릴 수 있을 텐데 그 학생이 왜 그걸 안 하는지 이해가 안 되었다. 사람들이 내 말을 믿지 않을 때마다 내가 그 학생의 입장이 된 것 같이 느껴진다. 그 학생은 공부하는 방법을 알아서 그 과목을 잘한 것이 아니었다. 자기도 모르게 그 과목에 끌려 들어갔을 수 있고, 그러다 보니 저절로 그 과목의 성적이 좋았을 수 있다. 다른 과목은 잘해 보려고 해도 끌리지 않았을 수 있다.

모든 과목의 성적이 고르게 좋은 학생이 있듯이 어떤 강아지든지 잘 돌보는 사람이 있을 수 있다. 그건 능력의 영역이다. 그런데 특정 과목의 성적만 좋은 학생이 있듯이 특정 강아지만 잘 돌보는 사람도 있다. 이건 운명의 영역이다. 내가 콩이를 잘 돌보는 데에는 특별한 이유가 있다. 나는 콩이가 아무 소리를 안 내고 있어도 무슨 말을 하고 싶은지가 다 보이고 다 들린다. 좀 더 정확히 말하자면, 보이고 들리기 전에 내 손발이 먼저 움직인다. 그런데 다른 강아지는 아무리 들여다보고 있어도 아무 느낌이 없다. 어떻게 해서 이런 일이 벌어지는지는 나도 잘 모르겠다. 그냥 운명의 영역이라고 설명할 수밖에 없다.

이런 상황에서 내가 사람들의 권유에 못 이겨 강아지를 더 입양할 수는 없다. 주변에 불쌍한 강아지들이 많이 있다는 것은 알지만, 동정심만으로는 강아지를 잘 돌볼 수 없다. 사람들 눈에는 내가 강아지를 잘 돌보는 능력을 갖추고 있으면서 불쌍한 강아지들을 외면하는 냉정한 사람처럼 보일 수 있다. 그래도 어쩔 수 없다. 나를 과대평가하고 있는 사람들의 권유에 못 이겨 경거망동하다가 내 강아지도 제대로 못 돌보는 사람이 될 수는 없다.

13.
칭찬: 강아지가 보호자를 닮아 순하다고 칭찬하는 사람들

콩이는 어딜 가나 사람들에게 칭찬을 많이 듣는 편이다. 대부분 순하다, 착하다, 얌전하다는 내용이다. 비슷한 내용의 칭찬이지만, 내 마음 깊은 곳을 울린 표현도 있었다. 콩이를 데리고 강가에 나들이를 나갔을 때였다. 벤치에 앉아서 쉬고 있던 할아버지가 멀리서 나와 함께 걸어오는 콩이를 유심히 지켜보았다. 우리가 할아버지 곁을 지나갈 때 할아버지가 콩이를 보며 무심한 듯 한마디를 던졌다. "강아지가 참 어질다." 그때까지 나는 한 번도 생각해 보지 못한 표현이었는데, 그 말을 듣자마자 그보다 콩이에게 어울리는 표현은 없다는 생각이 들었다. 그동안 단순히 순하다, 착하다, 얌전하다는 말로 콩이를 표현하기에는 뭔가 빠져 있다는 느낌이 들었었다. 그 할아버지는 그날 콩이를 처음 봤는데 어떻게 그렇게도 정확하게 콩이를 파악했는지 신기했다.

동네에 절이 하나 있다. 그곳에 있는 여자 스님 한 명은 콩이를 유난히 이뻐한다. 스님은 강아지들을 워낙 이뻐하지만, 콩이를 알게 된 이후로는 콩이가 나타나면 다른 강아지를 이뻐하다가도 콩이부터 챙길 정도로 콩이를 특별히 이뻐한다. 그 스님은 콩이만 보면 눈에 눈물이 그렁그렁 맺힌다. 슬퍼서 그렇다기보다 마음에 울림이 있어서 그런 게 아닌가 싶다. 나도 콩이를 가만히 보고 있으면 콩이의 어진 마음이 내 마음에 훅 와닿아 순간적으로 눈물이 차오를 때가 많다. 스님은 콩이가 가죽만 강아지 가죽을 쓰고 있지, 속은 웬만한 사람보다 훨씬 깊은 아이라고 콩이를 볼 때마다 말한다. 나는 콩이에게서 나와 같은 것을 볼 수 있는 사람이 이 세상에 한 명 더 있다는 게 참 신기하다.

가끔은 사람들이 콩이를 칭찬하다 말고 나까지 칭찬할 때가 있다. 콩이가 나를 닮아서 순하고, 착하고, 얌전하다는 내용이다. 처음에 나는 이런 칭찬을 들으면 그저 황송했다. 콩이 앞에서 나는 병함도 못 내민다고 대답했다. 그래도 콩이 덕분에 나까지 칭찬을 듣는 게 그다지 기분 나쁘지는 않았다.

그런데 같은 칭찬을 여러 번 반복해서 듣다 보니 어느 날 갑자기 지금 이러고 있을 때가 아니라는 생각이 들었다. 언젠가부터 나에게 순하고, 착하고, 얌전하다는 이미지가 덧씌워지고 있다는 느낌이 들었다. 내가 있는 그대로의 나로 살지 못하고 그 이미지 속에 갇히는 느낌이 들었다. 그런데 그 이미지가 마음에 들지 않앉다. 순하고, 착하고, 얌전하다는 이미지는 콩이의 보호자로서 살아가기에 적절한 이미지가 아니라는 생각이 들었다. 내가 그 이미지에 갇혀 그 이미지에 집착하기 시작하면, 언젠가 콩이를 보호해야 할 일이 생겼을 때 선뜻 나서지 못하고 내 이미지부터 생각할 것 같았다.

　게다가 콩이도 순하고, 착하고, 얌전한데 콩이의 보호자인 나까지 순하고, 착하고, 얌전하면 어떻게 되는 건지 생각해 봤다. 사람들 중에는 순하고, 착하고, 얌전한 상대를 만만하게 보는 사람들도 있다. 물론 나와 콩이를 칭찬하는 사람들은 그런 뜻을 담아 칭찬하는 게 아니겠지만, 그 칭찬이 여러 사람의 입에 돌아다니다 보면 나와 콩이를 만만하게 보는 사람이 생길 수도 있겠다는 생각이 들었다. 누군가가 콩이를 만만히 보더라도 그건 크게 문제가 되지 않는다. 어차피 내가 항상 콩이 옆에 있으니까 그 사람이 나를 의식하고 있는 한 콩이를 함부로 대할 수 없다. 문제는 그 사람이 나까지 만만하게 볼 때 발생한다. 그렇게 되면 콩이 옆에 내가 있더라도 그 사람의 눈에는 콩이한테 보호막이 없는 것처럼 보일 수 있다. 그러면 그 사람이 콩이를 함부로 대할 수 있다.

　그러고 보니 콩이를 이뻐하는 척하다가 슬쩍슬쩍 함부로 대하는 사람들이 떠올랐다. 그때까지는 그 사람들이 콩이를 강아지라고 무시해서 그러는 줄 알았는데, 가만히 보니 콩이만 무시하는 게 아니었다. 나를 의식하면 콩이에게 그렇게 할 수 없다. 이미 나까지 만만하게 보고 있다는 뜻이었다.

이후로 나는 콩이의 보호자로 살아가는 데에 어떤 이미지가 좋을지 생각해 봤다. 길에서 보던 사나운 개들이 떠올랐다. 개가 사나우면 그 개의 보호자는 무례한 사람들을 상대할 일이 없었다. 사람들이 알아서 피해 다녔다. 나는 콩이 대신 내가 그 개들처럼 보이면 좋겠다고 생각했다. 그러면 무례한 사람들이 콩이 곁에서 얼쩡거리지 못할 것 같았다.

그렇다고 아무한테나 사납게 대할 필요는 없었다. 문제가 있는 사람들 몇 명한테만 사나운 개처럼 달려들면, 동네에 금방 소문이 퍼질 것이었다. 마음을 단단히 먹고 기다렸다.

동네에 다니는 개 중에 강아지만 보면 물 듯이 달려드는 개가 있었다. 할머니, 할아버지가 키우는 개였다. 그 할머니, 할아버지는 개에게 목줄을 하지 않았다. 내가 목줄을 하라고 몇 번이나 말했지만 소용없었다. 한번은 길에서 또 그 개와 마주쳤다. 그 개는 콩이를 보더니 미친 듯이 달려들었다. 내가 콩이의 가슴줄을 순간적으로 들어 올려서 콩이가 물리는 것은 막았다. 그런데 콩이가 공중에서 너무 힘겹게 허우적거리고 있었다. 콩이를 내려놓고 싶은데 내려놓을 수가 없었다. 그 개가 아래에서 뛰어오르면서 계속 콩이를 물려고 했다. 나는 팔이 너무 아픈데 죽을힘을 다해 최대한 높이 콩이의 가슴줄을 들어 올리고 있었다. 그런데 콩이가 가슴줄에서 오래 버티기 힘들 것 같았다. 콩이 몸에서 가슴줄이 곧 빠질 것 같았다. 그 와중에 할아버지를 봤다. 할아버지는 본인 개를 붙잡으러 달려오지도 않고 그 자리에 그대로 서서는 공중에서 허우적거리고 있는 콩이를 보면서 웃고 있었다. 그런 할아버지를 보는데 피가 거꾸로 솟는 느낌이 들었다. 드디어 내가 '미친개'가 되어야 할 때가 왔다고 생각했다.

그 개를 발로 걷어찼다. 나는 그 개가 내 다리를 물 줄 알았다. 그때는 나도 정신이 반쯤 돌아 있어서 물어뜯겨도 하나도 안 아플 것 같았다. 그런데 그 개의 반응이 의외였다. 내가 세게 걷어찬 것도 아닌데, 온갖 엄살을 떨면서 할아버지와 할머니가 서 있는 방향의 반대 방향으로 도망쳤다. 할아버지는 그 개의 반응에 당황한 눈치였다. 그 사납던 개가 내 앞에서 제대로 싸워 보지도 않고 맥없이 무너지는 걸 보고 적잖이 실망한 것 같았다. 나는 콩이를 안고 그 개를 뒤쫓아갔다. 그 개에게 말하는 척하면서 뒤에 있는 할아버지와 할머니에게 들리도록 큰 소리로 말했다. "내 눈에 한 번만 더 띄어 봐! 가만 안 둬!" 그 개는 뒤도 안 돌아보고 계단을 뛰어올라 자기 집으로 들어가 버렸다.

할머니는 그제야 달려오더니 개를 따라갔다. 나는 내 옆을 스쳐 지나가는 할머니에게도 "개한테 목줄을 하세요!"라고 한 번 더 소리쳤다. 할머니는 집 앞이라 잠깐 풀어 놓은 거라고 했다. 나는 할머니한테 잡아먹을 듯이 덤벼들며 "한두 번 말했으면 그만해야지, 도대체 언제까지 할 거야?"라고 했다. 할머니는 대답도 없이 사라졌다.

그때였다. 뒤에서 할아버지가 나한테 소리를 질렀다. "어디서 남의 개를 함부로 발로 차?" 할아버지의 눈이 시퍼렇게 뒤집혀 있었다. 나도 지지 않고 "내가 가만히 있는 개를 찼어?"라고 반말로 응수했다. 할아버지는 "자기 개가 소중한 줄 알면 남의 개도 소중한 줄 알아야지!"라고 했다. 나는 "그럼 당신 개가 내 강아지를 물려고 달려드는데 내가 언제까지고 가만히 있을 줄 알았어?"라고 했다. 할아버지는 "내 개가 언제 달려들었어? 증거 있어?"라고 했다. 황당했다. 싸움이 길어질 것 같았다. 할아버지는 점점 더 흥분하면서 들고 있던 지팡이를 들어 올리더니 나에게 때리는 시늉까지 했다. 그럴수록 나는 점점 더 큰 소리로 따졌다. 지나가던 사람들이 하나둘 걸음을 멈추고 싸움을 구경하기 시작했다. 나는 아랑곳하지 않고 계속 싸웠다.

그러던 중 뒤에서 누군가가 내 어깨를 톡톡 두드리며 나직한 목소리로 말을 걸었다. "콩이 엄마, 무슨 일이에요?" 뒤를 돌아보니까 우리 옆집에 사는 할아버지였다. 나는 할아버지에게 "저 사람 개가 콩이를 물려고 달려들잖아요."라고 했다. 할아버지는 놀라서 내 품에 안겨 있는 콩이를 보며 "콩아, 다쳤니?"라고 했다. 내가 할아버지에게 "제가 재빨리 들어 올려서 물리지는 않았어요."라고 했다. 할아버지는 "그러면 됐어요. 그냥 가요."라고 하면서 나를 집 방향으로 살살 밀었다. 나는 "안 돼요. 저 사람, 한두 번이 아니에요."라고 했다. 할아버지는 "그냥 내버려둬요."라고 하면서 나를 한 번 더 집 방향으로 살살 밀었다. 내가 마지못해 돌아서는데, 개 주인 할아버지가 내 뒤통수에다 대고 상욕을

퍼부었다. 내가 옆집 할아버지의 팔에서 휙 빠져나오면서 뒤돌아서서 그 할아버지에게 소리쳤다. "개만도 못한 게 무슨 개를 키우겠다고!" 내 말을 듣고 개 주인 할아버지가 흠칫 놀라는 눈치였다. 그런데 옆집 할아버지는 더 놀란 것 같았다. 나를 보는 눈빛에 '이 사람한테도 이런 모습이 있구나!' 하는 생각이 비쳤다.

내 느낌인지는 모르겠지만, 그 사건 이후로 동네에서 사람들이 콩이와 나를 피하는 것 같았다. 예전처럼 우리 주변에 사람들이 많이 모이지 않았다. 잠깐 다가왔다가도 콩이에게 짧게 인사만 하고 사라지는 사람들이 많았다. 주변에서 항상 시끌벅적하던 사람들이 사라져서 처음에는 좀 서운하기도 했다. 그런데 가만히 생각해 보니, 자기들이 콩이를 지켜 줄 것도 아니면서 나에게 순하고, 착하고, 얌전한 이미지만 기대한다면, 나도 그 사람들과의 인연을 오래 끌고 가기는 힘들 것 같았다. 그런 사람들은 알아서 사라져 주는 게 서로에게 좋을 듯했다. 그런데 그런 사람들만 우리 주변에서 사라진 게 아니었다. 나와 싸웠던 할아버지와 할머니, 그리고 그들의 개는 그 사건 이후로 한 번도 내 눈에 띄지 않았다.

옆집 할아버지와는 그 사건 후에도 길에서 종종 마주쳤다. 그때마다 할아버지가 나를 보는 눈빛이 예전 같지 않다는 느낌이 들었다. 왠지 사이가 살짝 서먹해진 것 같기도 했다. 시간이 얼마쯤 더 지났을 때 옆집 할아버지와 또 길에서 마주쳤다. 그날도 평소처럼 아무렇지 않은 척하며 안부 인사를 나누고 있었다. 그런데 그날따라 할아버지는 나에게 뭔가 꼭 해 주고 싶은 말이 있는 것 같았다. 그러더니 다른 말을 하다 말고 지나가는 말인 것처럼 이런 말을 했다. "자식 일에 나 몰라라 하는 부모는 없죠." 그 말을 듣고 나는 할아버지가 얼마 전 나의 사나운 행동을 그렇게 받아들이기로 했나 보다, 이렇게 이해했다. 이후로 할아버지가 나를 보는 눈빛이 좀 편안해졌다. 옆집 할아버지를 보면서 나는 내가 아무리 사납게 행동해도 콩이를 진짜 좋아하는 사람은 콩이를 지키려는 내 마음을 읽는다는 느낌이 들었다.

이제 우리 동네에서 콩이가 나를 닮아 순하고, 착하고, 얌전하다고 말하는 사람은 없다. 콩이 덕분에 나까지 칭찬받을 때는 나름 기분이 나쁘지 않았었는데, 막상 칭찬이 사라지니 살짝 아쉽기도 하다.

그런데 사람들이 나뿐만 아니라 콩이도 예전과는 다르게 본다는 느낌이 든다. 내가 가끔가다 한 번씩 '미친개'가 된다는 소문이 돌아서 그런지, 콩이도 얌전하게 있다가 언제 돌변할지 모른다고 생각하는 모양이다. 콩이를 대할 때도 조심하는 사람들이 많아졌다. 이참에 잘된 것 같다.

14.
걱정: 강아지를 돌보느라 내 회복이 늦어진다고 걱정하는 사람들

콩이가 우리 집에 온 지도 이제 7년이 넘었다. 처음부터 나는 몸이 아픈 상태였지만, 그 사이에 몇 번 크게 앓은 적도 있었다. 한 2년 정도는 서지도 앉지도 눕지도 못할 정도로 오른쪽 고관절이 많이 아팠었다. 온갖 병원에 찾아가 봤고, 검사도 안 해 본 것 없이 다 해 봤지만, 원인도 못 찾았다.

한번은 머리가 심하게 아프면서 열이 많이 났다. 며칠째 해열제를 먹어도 아무 소용이 없었다. 그러다가 먹은 걸 전부 토하는 상태까지 되었다. 물 한 모금도 넘길 수가 없었다. 3차 병원까지 가서 검사를 받아 보니, 간 수치가 위험한 수준까지 올라갔다고 했다. 간 수치가 그 속도로 계속 올라가면 내가 그날 밤을 못 넘길 수도 있다고 했다. 다행히도 내 간은 병원에서 투여한 고농도의 스테로이드에 반응했고, 간 수치도 서서히 내려갔다. 그렇게 해서 나는 위험한 고비를 넘겼다. 하지만 그때도 간 수치만 내렸을 뿐 간 수치가 갑자기 높이 올라간 원인은 찾지 못했고, 이후로도 나는 머리가 심하게 아프면서 열이 오르고 먹은 걸 다 토하는 증상에 수년간 시달렸다.

이후로 한 몇 년 동안은 눈이 잘 안 보였다. 물체가 둘로 보이고 가끔은 빙글빙글 돌기까지 했다. 보이지만 않는 게 아니었다. 통증이 말도 못 할 정도로 심했다. 밤에 자다가도 눈이 아파서 깰 정도였다. 어떤 때는 눈이 아파서 며칠 동안 연속으로 잠을 거의 못 잤다. 병원에 가서 온갖 검사를 다 해 봤지만, 이 증상에 대해서도 원인을 찾지 못했다. 그 상태로 1년쯤 지났을 때부터는 걸핏하면 눈에 실핏줄이 터져서 흰 눈동자에 피가 한가득 고였다. 그때마다 여러 병원에 다니면서 물어봤지만, 그냥 눈에 멍이 든 것뿐이라고 했다. 눈의 통증과는 아무 관계가 없다고 했다. 결국 나는 원인을 찾지도 못한 채 잘 보이지도 않는 눈으로 자다가도 깰 정도의 엄청난 통증을 몇 년 동안 견디며 살았다.

그랬던 때에 비하면 지금은 많이 좋아졌다. 그런데 오랜 시간 동안 나를 지켜봐 온 주변 사람들이 최근 들어 이런 말을 하기 시작했다. 콩이를 돌보느라고 힘들어서 내 회복이 늦어지는 게 아니냐고. 나는 내 회복이 늦어지면 이런 말을 듣게 될 줄 미리 알고 있었다. 사람들이 그 핑계로 나에게서 콩이를 떼어 놓으려고 할 수도 있었다. 그래서 조금이라도 더 빨리 회복하려고 노력했었다. 그런데 한 가지 통증이 조금 잠잠해지는 것 같으면 예상치도 못했던 또 다른 통증이 시작되었다. 어떤 때는 여러 가지 통증들이 한꺼번에 몰아닥치기도 했다. 이런 식으로 나는 끊임없이 통증에 시달렸고, 7년이라는 시간도 훌쩍 지나가 버렸다. 그러다가 결국 주변 사람들에게서 이런 말을 듣게 되었다.

주변 사람들이 걱정할 때마다 나는 이렇게 말한다. 콩이가 우리 집에 오기 한참 전부터 나는 많이 아팠다고, 그때 내가 회복하려고 얼마나 노력했는지 잊었냐고, 그때는 콩이가 없었는데도 아무리 노력해도 회복되지 않았다고, 내가 콩이를 돌보는 거랑 내 회복이 늦어지는 건 아무 상관이 없다고. 내가 이렇게 말하면 사람들이 그제야 예전 일을 기억해 내고는 내 말에 수긍한다. 당연히 내가 회복이 늦어진다는 걸 핑계로 콩이를 나에게서 떼어 놓으려고 시도하는 것은 꿈도 못 꾼다.

사실 나는 콩이가 나를 살려 주려고 나에게 온 게 아닐까 싶을 때가 많다. 복돌이가 죽은 후 내가 가장 후회했던 건 복돌이에게 산책을 규칙적으로 시켜 주지 못했던 것이었다. 복돌이를 키울 때는 규칙적인 산책이 강아지에게 얼마나 중요한지 몰랐다. 그저 시간이 날 때마다 좋은 데 데리고 가서 신나게 놀게 해 주면 되는 줄 알았다. 복돌이가 죽고 난 후 강아지에 관해 공부하면서 강아지에게 규칙적인 산책이 먹는 것만큼이나 아니 먹는 것보다 더 중요하다는 것을 알았다. 하지만 그것을 알았을 땐 이미 시간을 되돌릴 수 없었다.

그래서 그런지 콩이가 온 다음 날부터 나는 새벽에 벌떡벌떡 일어났다. 바로 전날 아침까지만 해도 잠자리에서 일어나기가 그렇게도 힘들었는데 정말 신기했다. 알람도 필요 없었다. 시간이 되면 내 몸이 저절로 일어났다. 고관절이 끊어져라 아플 때는 아픈 다리를 질질 끌고 다니면서 콩이에게 산책을 시켜 줬다. 머리가 깨질 듯이 아프고 열이 펄펄 끓고 먹은 걸 전부 토하는 상태에서도 콩이에게 규칙적으로 산책을 시켜 줬다. 눈이 아프고 잘 안 보일 때도 산책을 쉬지 않았다. 이러다가 어느 순간 눈이 아예 안 보이게 되어 이번 산책이 내가 콩이에게 시켜 주는 마지막 산책이 되면 어떡하나 싶었다. 콩이에게 한 번이라도 더 산책을 시켜 주기 위해 아픈 눈을 부릅뜨고 산책을 나갔다. 콩이에게 그렇게 산책을 시켜 주면서 나는 복돌이에게 산책을 제대로 시켜 주지 못한 미안함과 후회가 내 마음속에 얼마나 크게 자리 잡고 있었는지를 새삼 느꼈다.

아마 사람들이 나를 걱정하는 것도 그래서일 수 있다. 콩이에게 산책을 시켜 주겠다고 1년 365일 하루도 빠짐없이 비가 오나 눈이 오나 하루에도 몇 번씩 아픈 몸을 끌고 밖에 나가는 나를 보면, 누구라도 그것 때문에 내가 회복이 늦어진다고 생각할 수 있다.

그런데 지금 와서 돌이켜보면 7년 전에 콩이가 나에게 오지 않았다면 내가 이만큼이라도 살 수 있었을까 싶다. 내가 겪어 보니까 병명도 알 수 없는 이런저런 통증에 오랫동안 시달리다 보면 마음이 많이 약해진다. 병명을 모른다는 건 약도 없다는 뜻이다. 오로지 정신력만으로 통증을 견뎌야 한다. 처음에는 조금만 견디면 곧 좋아질 거라 스스로 다독이면서 작은 희망만 있어도 아픈 몸을 끌고 치료법을 찾아다닌다. 하지만 이런 일이 몇 년씩 이어지면 정신력도 고갈된다. 다시는 못 일어날 것 같고, 병원에 가고 싶은 의욕도 사라지고, 만사가 다 귀찮고 싫어진다.

이런 상태에서도 콩이랑 같이 밖에 나가 조용히 걷다 보면 어느새 내가 빙긋이 웃고 있었다. 분명히 주변은 소음으로 가득하고, 내 몸의 통증은 여전한데, 콩이를 따라 천천히 걷다 보면 번잡스럽던 머릿속이 고요해지면서 내 마음에는 평화가 깃들어 있었다. 평생에 한 번도 경험하지 못했던 깊은 평화로움이었다. 몸이 고통스러운데도 이런 깊은 평화를 느낄 수 있다는 게 신기할 따름이었다. 몸의 고통에 휘말려 들어가려고 하는 내 마음을 콩이 덕분에 매일 조금씩 추스르면서 나는 콩이가 없었다면 내가 이 힘든 시간을 어떻게 버텼을까 생각했다. 결국 콩이가 나를 살린 셈이었다.

사람들은 내가 콩이를 돌보느라 힘들어서 회복이 늦어진다고 걱정하지만, 오히려 나는 반대 이유로 마음이 아프다. 내가 회복이 늦어져서 콩이를 기르는 내내 휘청이느라 콩이에게 오롯이 집중하지 못했다. 콩이 덕분에 이전에는 경험도 못 해 본 깊은 사랑과 평화를 느낄 때마다 나 스스로에게 이런 질문을 한다. '나는 콩이에게 이 정도의 행복을 느끼게 해 주고 있나?' 솔직히 내가 콩이에게 주는 행복은 콩이가 내게 주는 행복에 비하면 너무 작은 행복이다. 그런데 내 몸이 아파서 그마저도 충분히 주지 못했다.

    곤히 잠든 콩이를 보고 있으면 때때로 이런 생각이 든다. '콩이가 진짜 복돌이의 환생이라면, 나한테 오기 위해서 자신에게 주어진 좋은 기회를 얼마나 많이 포기했을까? 나한테 오기까지 혼자 얼마나 멀고 험한 길을 돌았을까?' 콩이가 진짜로 복돌이의 환생일 수도 있기에 나는 몸이 아플 때도 콩이에게 소홀할 수 없었다. 부족하지만 조금이라도 더 힘을 내려고 노력했다. 콩이가 복돌이의 환생이 아닐 수도 있다. 그래도 나는 콩이가 나에게 와줘서 얼마나 고맙고 좋은지 모른다. 콩이도 나를 찾아오길 잘했다고, 충분히 환영받고 있다고 느끼면 좋겠다. 콩이가 제대로 느낄 수 있도록 내가 좀 더 힘을 내야겠다.

나오며

콩이와 함께하는 시간이 길어질수록 이런 생각이 많이 들었습니다. '세상에 이렇게 아름다운 인연이 또 있을까?' 이 아름다운 이야기들을 나만 알고 그냥 흘려보낸다는 게 늘 안타까웠습니다. 사진도 찍어 보고, 영상도 찍어 봤습니다. 그런데 그 방면에 재능이 없어서 그런지, 사진과 영상에는 내가 느끼는 것들이 충분히 담기지 않았습니다. 그림이나 음악으로 표현하는 것은 엄두도 못 낼 것 같았습니다. 다행히도 글은 좀 쓸 줄 알았습니다. 콩이와 나의 이야기를 글로 살살 써 봤습니다. 내가 느낀 감동이 그나마 조금씩이라도 드러나는 것 같았습니다.

이 책은 콩이에게 좋은 선물이 될 거라고 생각했습니다. 콩이에게 이 책을 보여주며 "너와 나의 이야기가 세상에 책으로 나왔어."라고 말하고 싶었습니다. 그래서 몸이 아픈 와중에도 힘을 내서 글을 썼습니다. 그렇게 몇 년에 걸쳐 글을 조금씩 써서 모아 이 책을 완성하였습니다. 그런데 너무 늦었습니다.

콩이는 열 번째 생일을 겨우 넘긴 후 이번 생을 마감하였습니다. 내가 이 책의 원고를 출판사 몇 군데에 투고한 뒤 회신을 기다리고 있던 중이었습니다. 그런데 사실 나는 콩이가 복돌이의 환생이라는 느낌이 들었을 때부터 콩이의 수명이 이 정도일 거라고 어렴풋이 짐작하고 있었습니다.

복돌이는 살아 있었을 때 나와 대화가 가능했습니다. 내가 질문을 하면 복돌이가 눈을 한 번 깜빡이는 것으로 맞다고 대답해 줬습니다. 그래서 내가 없는 자리에서 복돌이에게 일어났던 일들도 내가 알고자 하면 알 수 있었습니다. 복돌이가 내게 해 준 대답 중에 틀린 것은 거의 없었습니다. 내 질문에 복돌이가 대답하는 것을 본 사람들은 깜짝 놀랐습니다. 그 정도로 복돌이의 대답은 정확했습니다.

그런데 복돌이의 대답 중에 틀린 것이 있었습니다. 복돌이가 대여섯 살쯤 되었던 때인 것 같습니다. 시기는 정확하지 않습니다. 복돌이와 단둘이 있을 때 조용히 물었습니다. "너 몇 살까지 살 거야?" 복돌이는 나에게 집중한 채 내 눈을 응시했습니다. 질문을 계속하라는 신호였습니다. 나는 그 당시 복돌이의 나이로부터 한 살, 한 살 더해 가며 물었습니다. 복돌이는 17년에서 정확하게 눈을 한 번 깜빡였습니다. 이후로 내가 18, 19, 20 이렇게까지 물어봤지만, 복돌이는 17에서 단 한 번 눈을 깜빡인 후 나를 그대로 응시할 뿐 더 이상 깜빡이지 않았습니다. 그 대답을 믿었기 때문에 나는 복돌이가 17년을 살 거라고 확신했습니다. 그런데 복돌이는 7년 반밖에 못 살고 생을 마감하였습니다.

복돌이가 죽은 후 내내 그 점이 찜찜했습니다. 분명히 복돌이가 17년이라고 했는데, 그 대답만 아니었다면 내가 그렇게까지 마음을 놓고 있지는 않았을 텐데, 하필이면 왜 그 중요한 대답만 틀렸던 것인지, 차라리 다른 대답들이 틀렸더라면 내가 그 대답을 그렇게까지 믿지는 않았을 텐데, 하는 생각이 수도 없이 떠올랐습니다.

사실 콩이를 처음 만난 날, 콩이가 복돌이의 환생인 것 같은 느낌을 받은 그 순간에 복돌이의 이 대답이 떠올랐습니다. 복돌이가 자신의 원래 수명이었던 17년을 마저 채우려고 환생했나 싶었습니다. 그런데 그런 생각을 하면 슬퍼졌습니다. 만약 복돌이가 그 이유로 환생했다면, 복돌이가 7년 반을 살았으니까 이번 생에 콩이에게 주어진 시간은 10년 정도밖에 안 된다는 뜻이었습니다. 콩이가 나에게 올 때 이미 2년 6개월 정도가 지났으니까 그렇다면 이번에도 콩이가 나와 함께 살 수 있는 시간이 길지 않았습니다. 그래서 그 생각을 되도록 안 하려고 노력했습니다. 17년이라는 이야기를 입 밖에 꺼낸 적도 없습니다. 쓸데없이 떠들고 다니면 그 이야기로 인해 콩이가 진짜로 10년 정도밖에 못 살까 봐 두려웠습니다. 끝내 그 이야기는 복돌이와 나만 아는 이야기로 남겨 두고 싶었습니다.

그래도 혹시 콩이가 그 이유로 환생했을지 모르니까, 그러면 진짜로 시간이 많지 않을 테니까, 혼자 조용히 거기에 대해서도 대비를 하자고 생각했습니다. 그리고 꼭 그 이유가 아니라 하더라도, 어차피 사람도 그렇고 강아지도 그렇고 당장 내일에도 무슨 일이 생길지 모른다고 생각했습니다. 대비를 하는 게 나쁠 건 없었습니다. 그래서 오늘이 콩이와 함께하는 마지막 날이었다면 나는 무엇을 했을까 생각하면서 하루하루 최선을 다해 살았습니다.

  열 번째 생일을 정확히 한 달 앞두고 콩이는 큰 수술을 받게 되었습니다. 수술 후 수의사는 콩이가 오래 살기 힘들 거라고 했습니다. 어쩌면 한 달도 못 버틸 거라고 했습니다. 나는 수의사의 말을 들으면서도 복돌이가 17년이라는 시간을 채우기 위해 환생한 것이 아니기를, 아니 아예 콩이가 복돌이의 환생이 아니기를 바라고 또 바랐습니다. 그래야 콩이가 IMHA에 걸렸을 때처럼 이번에도 고비를 넘길 수 있었습니다.

  내가 무슨 짓을 해도 우주의 섭리를 막을 수는 없었습니다. 콩이가 생을 마감한 후, 나는 평정심을 유지하기가 힘들었습니다. 아무리 대비를 하고 마음의 준비를 했다고 해도 고통이 줄어드는 것은 아니었습니다. 세포 하나하나가 뜯겨 나가는 고통을 느꼈습니다. 차라리 정신 줄을 놓아 버리는 게 덜 고통스러울 것 같다는 생각이 들었습니다.

 그런데 그 순간에도 콩이를 생각하면 내 마음대로 정신 줄을 놓을 수 없었습니다. 앞으로 다가올 49일이 콩이에게 얼마나 중요한 시간인지 잘 알고 있었습니다. 내가 없는 세상을 혼자 걸어가야 할 콩이에게 신들의 가호가 어느 때보다 절실히 필요했습니다. 그 상황에서 콩이를 위해 내가 할 수 있는 일은 기도밖에 없었습니다. 나는 거의 다 무너져 내려 흐물흐물해진 몸과 마음을 추슬러서 지푸라기 하나라도 있으면 잡겠다는 심정으로 다시 일어섰습니다. 절에 연락해서 49재를 부탁해 놓고, 나도 매일 콩이를 위해 기도했습니다.

 그렇게 며칠이 지났을 때 49재가 끝나는 날이 언제인지 궁금해졌습니다. 달력을 열었습니다. 날짜를 눈으로 천천히 짚어 나가던 나는 49번째 날에 멈추어 숨이 멎는 줄 알았습니다. 그 날짜에는 이렇게 적혀 있었습니다. "복돌이 생일"

 그동안 콩이가 복돌이의 환생인 것 같다고 여러 곳에서 말하고 다녔지만, 사실 말하는 나도 내 말을 100퍼센트 믿는 건 아니었습니다. 마음 한편에는 아닐 수도 있다는 생각이 조금 남아 있었습니다. 그런데 이제는 믿지 않을 수가 없습니다. 콩이는 분명히 복돌이의 환생이었습니다.

복돌이가 죽은 후 나는 복돌이의 무덤에 갈 때마다 복돌이에게 이렇게 말했습니다. 나를 잊으라고, 더 좋은 곳으로 가라고. 이렇게 하는 것이 내가 복돌이에게 해 줄 수 있는 마지막 사랑이라고 생각했습니다. 그런데 내가 놓친 것이 있었습니다. 나만 복돌이를 사랑하는 것이 아니었습니다. 복돌이도 나를 사랑하고 있었습니다. 아니 내 사랑보다 복돌이의 사랑이 훨씬 더 컸습니다. 이런 복돌이가 내가 나를 잊으라고 한다고, 더 좋은 곳으로 가라고 한다고 나를 잊고 멀리 떠나갈 리 없었습니다. 복돌이는 내 곁에서 나와 함께하고 싶었을 거라는 걸 너무 늦게 깨달았습니다. 복돌이를 볼 수 없고 만질 수 없다는 이유로 복돌이가 나에게서 멀리 떠나갔다고 생각했던 일을 반성했습니다.

이제는 콩이도 볼 수 없고 만질 수 없습니다. 그것 때문에 순간순간 마음이 저려 옵니다. 하지만 그렇다고 해서 콩이가 나를 떠나갔다고 생각하지는 않습니다. 복돌이처럼 콩이도 내 곁에서 나와 함께하고 싶을 것입니다. 나는 복돌이 때 했던 것처럼 지금도 매일 콩이를 위해 기도합니다. 하지만 이제는 혼자 기도한다고 생각하지 않습니다. 콩이가 내 곁에서 나의 기도를 듣고 있다고 믿습니다. 이 책을 마무리하는 이 순간에도 복돌이이자 콩이였던 내 강아지가 나를 지켜보고 있을 것입니다.

내 사랑 콩이

초판 인쇄　2025년 6월 24일
초판 발행　2025년 6월 30일

지은이　남경임
발행인　조현수
펴낸곳　도서출판 프로방스
기획　조영재
마케팅　최문섭
편집　문영윤

주소　경기도 파주시 광인사길 68, 201-4호(문발동)
전화　031-942-5366
팩스　031-942-5368
이메일　provence70@naver.com
등록번호　제2016-000126호
등록　2016년 06월 23일

정가 17,800원
ISBN 979-11-6480-393-4 (03810)

파본은 구입처나 본사에서 교환해드립니다.